「時短」と「成果」を両立させる

教師の仕事術

10の原理・100の原則

堀 裕嗣 著
Hori Hirotsugu

まえがき

こんにちは。堀裕嗣（ほり・ひろつぐ）と申します。

仕事術の本を上梓するのは二〇〇五年に続いて二冊目です。前著は三十代後半の執筆でしたが、本書は五十代前半での執筆です。もしも前著をお持ちの方がいらっしゃいましたら、僕がどれだけ成長したかと読み比べてみるのもおもしろいかもしれません。ちなみに本書の執筆に先だって、僕自身が前著を読み返してみましたが、その未熟さに赤面しきりでした。人は十五年近くも経てばずいぶんと成長するものだなあ……と、自分自身を題材にして深く学ぶ結果と相成りました。まあ、本人としては喜ばしいことです。これが退化していたのでは大変なことですから（笑）。

さて、「働き方改革」なるものが学校教育の世界にも確実に脚を伸ばしつつあります。残業を減らすべきではないか、土日の部活動をせめてどちらか一日にしてはどうか、学級事務の専門職を職員室に置いてはどうか、勤務時間外の電話を留守電にしてはどうかと、いろいろな案が浮上しています。教員の実質的な労働時間が他国と比べてどうとか民間と比べてどうとか、教員の病欠割合がどうとか教員に余裕がないからいじめや不登校が増えるのだとか、さまざまな背景や悪影響も論じられています。この風潮には多くの教員が賛同しているようで、SNSを眺めていると、やたらと残業を強いられているとか、持ちたくない部活を持たされているとか、教材研究の時間が確保できないとか、そうした教員の不満で溢れています。僕もまれに教員の多忙感や大変さに対する問題意識を投稿しますが、その投稿には百も二百も三百も「いいね！」がつきます。ああ、先生方は本当に多忙感に苛まれているのだなあ……と実感します。

でも、昨今の「働き方改革」の風潮には、長く教員を続けてきた者として違和感がないわけではありません。一つは現象的な、表層的な違和感、いま一つは構造的な、深層的な違和感です。

第一の表層的な違和感とは、残業ってほんとにそんなに多いんだろうかとか、土日のどちらかを休みにするとしたら大会運営はどうなるんだろうとか、学級事務って人を雇うほどに僕らの勤務時間を圧迫してるかなあとか、もしもそうした専門職が配属されたとして僕らの負担はそれほど軽減されないんじゃないかなあとか、そうした本当に現象的なことに対するものです。

本書を読んでいただければわかりますが、僕はほとんど勤務時間の終了とともに退勤する毎日を送っていますが、それでも緊急に連絡を取る可能性があると思われる保護者やPTAの役員を引き受けていただいている保護者には携帯番号を教えていますし、仕事の関係でどうしても懇談が六時とか七時になると言われれば対応もします。それでもそれほど頻繁に携帯電話が鳴ることもありませんし、時間外の要望も毎回一件あるかないかです。長く教員をやってきた身としては、勤務時間外に電話を通じなくするのはなあ……と、ちょっと申し訳なく思ってしまいます。

また、確かに一時期、職員室にものすごく多くの休職者が出た時期がありましたが、ここ数年、僕は同僚に深刻な休職者を見ていません。もちろん学校にもよるでしょうし、環境にもよるのでしょうが、この問題は山を越えたのではないかという匂いがするのです。保護者クレームも二〇〇〇年代半ばと比べればずいぶんと減ってきているようにも感じます。たとえクレームが来たとしても、どこまでも引かない保護者というのはあまり見なくなりました。それだけ教員にも耐性がついてきて、職員室にもさまざまなことを一人に任せず負担を分かち合う風潮も根付いてきているのではないか、そう感じるのです。

むしろよく耳にするのは、生徒の自殺やリストカット、不登校傾向、指導死など、勤務時間外だろうと何だろうと対応しなければならない事案ばかりのような気もします。まあ、まだまだデータで証明できる段階ではないので、ほんとうのところはなんとも言えないのですけれど……。

第二の深層的な違和感とは、どうも「働き方改革」なるものの前提にある労働観が、労働を「質」ではなく「時間」でのみ測っているように思えてならないことに起因します。果たして教師の仕事とは、だれもが一律にほぼ同じ質の仕事をすることができるというタイプの仕事なのでしょうか。工場のラインや簡単なサービス業のように、一定の技術さえ身につければだれがやっても同程度の成果が上げられるという仕事なのでしょうか。教師の労働を「質」ではなく「時間」で測るということは、実はだれもが他のだれかと入れ替えることのできる、そういう労働力であることを意味しているのです。

例えばここに、「授業がわかりやすい」という評判の教師がいるとします。一方で「授業がわかりにくく成果も上がらない」という教師がいたとします。果たして後者の教師は事務仕事や部活動などの負担を軽減してあげることで前者のような教師に変貌するということを期待できるのでしょうか。

例えばここに、毎年部活動で県大会ベスト4以上の成績を残している部活動顧問がいるとします。一方で毎年一回戦負けという部活動顧問がいるとします。両者の違いは練習量の違い、つまり平日も休日も家族を犠牲にして休みなく練習しているか否かという違いだけなのでしょうか。

仕事を「質」でなく「時間」で測って一律に労働時間を短縮することにしたとしたら、現在質の高い仕事をしている人と現在質の低い仕事をしている人との差がもっと開くのではないか。僕はそんな風にも感じています。だって質の高い仕事をする人ほど、時間を効率的に使う術を知っているはずですから。知っているだけでなく実践しているはずですから。その質の違いを、時間を効率的に使えない人たちは実は残業で穴埋めしているのが実態なのではないか。僕はそんな風にさえ感じるのです。時間が短縮化され、一律化されれば、おそらく教員評価制度（つまり人事考課ですね）も、これまで以上に固定化されてしまうに違いありません。

大袈裟に言えば、実践研究をしたい、教材開発をしたい、行事が大好き、部活動大好きといった寝食を忘れて教師の仕事の励むことを人生の悦びとしている教師たちの意欲は、行き場を失ってしまうのではないか。そしてそれはおそらく、そうした教師たちの意欲をも削いでしまう、少なくともそういうベクトルに向かってしまう、そうしたことも懸念されます。それは果たして、学校教育にとってプラスに働くのでしょうか。

もう少し「時間」と「質」とをミックスした複雑な基準で、多角的に「働き方改革」を論じた方が良いのではないでしょうか。少なくとも教師個々にどちらで評価されたいか、どちらで生きていきたいかという選択の余地くらいは残してくれても良いのではないか。そう感じるのです。

仕事を「質」ではなく「時間」で測るということの裏には、労働時間を売ることによって対価として給料をもらうという労働観があります。労働は苦役であり、人生本来の活き活きとした生き方ができるのは労働時間外であるとする労働観があります。収入を得るために労働する、金のために労働するという狭い労働観があるように思えてならないのです。しかし、日本人は古くから、「生産する悦び」「認められる悦び」「他人のために役立っていると実感できる悦び」「自分の成長を実感できる悦び」など、つまりは「生き甲斐としての労働観」「自己実現を目指す労働観」をもって働いてきたのです。

もちろん、働くのはお金のため、食うため、趣味のためと、自らの個人的な経済活動のためと仕事を「時間を切り売りすること」と捉えている人もいるでしょう。しかし、それだけを基準にして「働き方」を考えることは、やはり仕事を「自己実現」と捉えている人たちの意欲を削ぐことに繋がっていかざるを得ないと思うのです。

本書では、時間を効率的に使いながら、自らを成長させ、少しずつ力量を高めていく在り方を僕なりに解説したつもりです。僕の考え方や僕の経験してきたことは、もしかしたら偏っているかもしれません。場合によっては眉をひそめる方もいらっしゃるのかもしれません。それでも、こうした価値観でこうした仕事の仕方をしてきた人間がいるのだという、資料的価値くらいはあるだろうと信じて本書を認めた次第です。読者にとってほんの少しでも参考になる箇所があるなら、それは望外の幸甚であります。

Contents

遂行術――常に戦略的に自分のペースで進めていく 114

読書術――「読書」とは現象ではなく機能である 126

交友術――人間関係を広げ深める意識をもつ　178

第一章
教師の仕事術一〇の原理

1 長期展望の原理

四月。教師はだれも、四月が大好きです。新しい子どもたちと出会う。新しい同僚とも出会う。新しい仕事とも出会う。何か今年はやれそうな気がします。新年度は何度迎えても新鮮な気持ちになれるものです。

でも、ふた月もするとその新鮮さは薄れます。ふと気がつくと、去年と同じような日常を過ごしています。子どもたちに癒される心象も同じ。同僚との話題も同じ。校務で犯すミスも同じ。自分は成長していないんじゃないか……。子どもの褒め方・叱り方、行事の作り方、校務の進め方、同僚への根回し、保護者への対応、そりゃ新卒のときよりは少しはうまくまわせているけれど、成長と言えるほどのものではありません。そんな自己嫌悪に陥ることもしばしばです。

四月の鮮度が保てない。六月には去年と同じ自分がいる。十二月に疲れがピークに達する。また三月が来て「来年こそは」と決意する。その繰り返し。次第に「教員人生とはこれを繰り返すことなのか……」なんて、絶望的な感覚に囚われます。

どうしてこんなことを何年も繰り返してしまうのでしょうか。昨年度より今年度、今年度より来年度、なぜ、そうした成長の実感が抱けないのでしょうか。

手前味噌で恐縮なのですが、僕は毎年、「この一年間で絶対に成果を出すぞ！」という強い決意で臨む研究テーマを一つだけ決めることにしています。そしてその追究になにがなんでも取り組むことにしています。そして自分なりに結果が出るまでやり通すことにしています。研究テーマというと、何か高尚なことをやっているように思われるかもしれません。しかし、実はそんなことはまったくありません。研究テーマとは言いますが、「研究」というよりは「実践」的な、日常的に取り組めるテーマを設定するのです。

例えばここ数年は、次のようなテーマに取り組んできました。

【二〇一一年度】特別な支援を要する生徒の対応
【二〇一二年度】ファシリテーション型授業の課題の分類
【二〇一三年度】所属教師それぞれの個性に対応する学年運営
【二〇一四年度】国語科学力形成における一斉授業と活動型授業の対比
【二〇一五年度】活動型国語科授業のノート指導
【二〇一六年度】アクティブ・ラーニングの機能性の分類
【二〇一七年度】道徳授業の教材開発

ご覧いただければおわかりかと思いますが、これらの研究テーマは実はその年度の校務分掌や自分の置かれた状況と連動しています。

わかりやすいところで言えば、二〇一三年度、僕は一年生の学年主任でした。学年所属の先生方は新卒さんや臨採さんが多くて、先生方を育てながら学年を運営していく必要がありました。しかし、先生方が若いからといって、僕が上意下達のみで運営したのでは学年運営は停滞します。そう考えて、所属教師が若いからこそそれぞれの良いところ、つまりはそれぞれの個性を発揮させるにはどうしたら良いかということをテーマにしようと考えたのです。ついでに言えば、これまた手前味噌ですが、こうした研究テーマの取り組みは基本的に、すべて一書として上梓するためのコンテンツとして取り組んでいます。その構えが、これらの研究テーマについて結果を出さなければならないというモチベーションに繋がっているのだと思います。ある程度の結果が出ないと本なんて書けませんから。

さて、話を戻します。四月にその一年の「研究テーマ」を決めてその年度を過ごす。そうすると、確かに子どもたちへの対応や校務上の細かいルーティンワークなどは前年度と同じことをしているのですが、その同じ仕事が別の意味合いのものに見えてきます。だってそうではありませんか。同じように国語の授業にしていても、「ノート指導」をテーマにしていれば子どもたちのノートに目が行きますし、「ファシリテーション」をテーマにしていれば交流活動を開発しようと努めることになります。「特別活動」をテーマにしていれば、なんとかこの授業を特別活動と連動させられないかと考えますし、「学年運営」をテーマにしていれば、自分の前ではこんな雰囲気の子どもたちだけれど他の先生のときはどうなのだろうと見に行くようになります。こんな風に考えながら過ごす毎日を、去年と同じに感じるはずがありません。

教師が四月の気持ちの鮮度を保てないのは、言葉は悪いですが、無目的に「その日暮らし」をしているからなのです。一年を見通して、「これだけはやるぞ」という目標やテーマをもち、「そこだけは成果を上げる」と本気で取り組んでいれば、少なくともそのテーマに関してだけはその年度で大きな成果を上げることができるのです。四十年近い教師生活、一年に一つずつ、あるテーマについて本気で取り組み続けたとしたら、いったいどれだけのことができるでしょうか。少し想像力を働かせてみましょう。

仕事に対して前向きに取り組むための一番のコツは、実は長期的な展望をもつことなのです。教師の多くは今日やらないと間に合わないという仕事をその日にしています。仕事の早い人でもせいぜい三日後の仕事をしています。でも、一年後の自分を想像してみる。半年後の担任学級を想像してみる。三ヶ月後の仕事に取り組んでみる。常に数ヶ月後のための「いまこの瞬間」を意識してみる。考えるだけでも楽しくなってきませんか？

2 時間限定の原理

あなたの毎日の退勤時間は何時でしょうか？ そんなの、まちまちだよ……そんな答えではいけません。ちょっと真剣に考えてみるのです。平均すると何時くらいか。七時なら早い方。平均八時。遅いときは十時なんてこともある。そんなことになっていませんか？

あなたはどのくらい家に仕事を持ち帰っていますか？ そのときどきだよ……そんな答えではいけません。週に何回くらい持ち帰り仕事をしているか。公務がどれだけ土日を浸食しているか。そんなこんなをちゃんと、真剣に考えてみるのです。

自分の時間は自分のもんだ。他人にあれこれ言われる筋合いはない。そんなことを思っていませんか？ 本当にあなたの時間はあなただけのものなのでしょうか。奥さんや旦那さんはあなたとの団欒のときを過ごしたいと思っていないのでしょうか？ 残業と休日出勤がなければ彼氏や彼女と少し遠出ができるのではありませんか？ あなたのお子さんは休日にあなたがいないことを当然だと思ってはいないでしょうか？ そして何より、あなたのお父様やお母様はあなたに会いたい、せめて電話ででも話したい、そう思っているのではありませんか？ そして、もしも残業や休日出勤がなければ、それらのすべてが実現するのではありませんか？　更に言えば、スポーツに汗を流したり趣味に興じたりする時間さえ生まれるのではないでしょうか？

そして実は、これが最も大切なことなのですが、残業や休日出勤に疲れ切っているあなたよりも、休日にしっかり休み、しっかりと遊んだ、そんな元気なあなたの方が、担任している子どもたちにも良い影響を与えるのではないでしょうか。

なんのために残業しているのでしょう。自分の土日を犠牲にしてまで仕事するのはいったいだれのためなのでしょうか。あえて厳しいことを言えば、それは子どもたちのためなんかではないのです。すべて自分のためなのです。他ならぬ自分自身のためなのです。自分だけ早く帰るのは周りの目が気になるからはばかられる。例えばそんなネガティヴな理由からなのです。こんなに遅くまで仕事している自分は子どもたちを第一に考える素晴らしい教師だ。例えばそんな自己顕示欲が理由なのです。他にすることもないから土日は取り敢えず学校に行くことにしている。なぜ、ご両親に会いに行かないのでしょう。ご両親はあなたが来るのを心待ちにしているではありませんか。どれもこれも自分自身の勝手な言い分なのではないでしょうか。そうです。すべて自己満足なのです。エゴなのです。あなたは「仕事人間」気取りのエゴイストに過ぎないのです。

そうは言っても仕事が終わらないいんだから仕方ない。そんな声が聞こえてきそうです。

最近の学校は事務仕事が多くて、みんな多忙を極めている。一所懸命に仕事をしても終わらないんだから残業するしかない。こんなに教師の仕事を増やしている教委が悪い。行政が悪い。政治が悪い。世の中が悪い。そんな愚痴も聞こえてきそうです。でも、本当にそうでしょうか。あなたには勤務時間中になんとなくボーッとしていたり、必要な書類をあちこち探し回ったり、どう考えても重要でないことにこだわって調べ物をしたり、教材づくりに必要だからと開いたインターネットを見始めたついでに関係のない記事を読みふけってみたり、お茶を飲みながら同僚と雑談していたり、そんな時間がないのでしょうか？ましてや一九時をまわった頃からプロ野球の動向が気になってテレビを眺めたり、新聞を読みながら最近の事件について同僚と愚痴ったり、給湯室にお茶をいれに行ったついでに女三人集まっておしゃべりに花を咲かせたり、そんなことをしているのではありませんか？ これらの時間をなくしたら、さて、何時に帰れるでしょうか。

いつか効率的に仕事をこなせる自分になりたい。いつか残業や休日出勤をしなくても仕事をまわせるようになりたい。自分はまだ成長が足りないからこんな状況だけれど、仕事を覚えればちゃんとやれるようになるさ。そんなことを考えてはいませんか。

でも、僕は確信をもって言いますが、あなたにそんな日は生涯訪れません。自分が躰を壊したり、子どもに手がかかるようになったり、親の介護が始まったりして、ある日突然ただ残業や休日出勤ができなくなる日が来るだけです。そして、勤務時間だけでは仕事を終わらせることのできないあなたは、ただ周りの同僚に迷惑をかける人間になってしまうのです。そういう日が確実にやって来ます。

あなたにとって一番の大きな問題は、実は仕事が多いことでも仕事が遅いことでもありません。仕事の力量が足りないことでさえありません。あなたの一番の問題は、時間が無限であるかのような生活を送っていることなのです。

僕は二十一世紀に入ってから、定時きっかりに退勤することを旨としています。会議が延びたり、生徒指導や保護者対応があったりしたときにはもちろん残りますが、それ以外は定時に退勤します。仕事の時間が五時までしかないと決まれば、五時までにすべてが終わるように工夫しようと思うようになります。今日の提案文書を今日作るなんてことはなくなります。今日の提案文書は先週のうちに完成して印刷もするようになります。今日作るのが二週間後に使う文書になります。教材研究は一ヶ月先のことに取り組むようになりますし、半年後の行事のイメージを頭のなかに描き始めます。時間を区切ることによってこういう仕事の仕方になるのです。こうした仕事の仕方にせざるを得なくなるのです。

あなたは五時以降や土日を最初からあてにする人間に、堕落しているだけなのです。

3 短期拙速の原理

あなたはいま、保護者向けに学校長名で出すプリントを作ろうとパソコンを開きました。行事部として運動会の案内文書を作るでもいいですし、生徒指導部として夏休みの生活に注意を促す文書を作るでも構いません。要するにあなたは校長名で学校を代表する文書を作成しようとしているわけです。ところが前任者がいいかげんで、前年度のファイルが残っていません。「あ～あ、最初から自分で作るのか」とあなたは面倒になります。でも、今日中に作らなきゃ間に合わない。仕方なく作り始めます。

さて、あなたがまずすることは何でしょうか。「あれ？ 教委から出ている保護者向け文書のフォーマットってどんなだったっけ？」と、タイトルや日付、学校長名を入れる箇所に戸惑うことでしょうか。それとも、「あれ？ いまの時期の時候の挨拶ってどんなのがあったっけ？」とインターネットで検索することでしょうか。それとも時候の挨拶に詳しそうな隣のベテラン教師に尋ねることでしょうか。でも、隣の先生はなにやら難しい顔でパソコンとにらめっこしています。まさかその教師の仕事がひと段落つくまで待つ……なんて人はいないでしょうね（笑）。

さて、もう僕の言いたいことがおわかりかと思います。そうです。これらの時間はすべて無駄な時間なのです。校長名で出す文書は最終的に管理職のチェックを受けなければ出せないものです。教委から出されているフォーマットと違っていれば、あとで教頭が赤を入れてくれるはずなのです。時候の挨拶なんて、保護者のだれか一人でも気にするのでしょうか。「早春の候」とか「初夏の候」で充分なのではありませんか？　もしも「それでは簡潔すぎでどうも……」なんていう管理職なのだとしたら、チェックのときに代案を示してくれるのではありませんか？　それで何の不都合があるでしょう。

いやいや、私は丁寧な仕事をしたいのだ。管理職の手をわずらわせるなんて……。そう考える方がおられると思います。では、あなたが丁寧な仕事をすれば、管理職に赤を一箇所も入れられないような文書が作れるのでしょうか。僕はもう四半世紀近くも教職を続けているベテランの部類の教師ですが、僕の作る文書でさえ管理職のチェックが入る入らないは、二勝一敗程度の確率です。言っておきますが、僕の教科は国語です。それでも勝率は六、七割なのです。だいたい管理職という人種は自分の存在感をアピールするために赤を入れたがるものなのです（笑）。どうせ赤が入るのなら、自分の時間を節約するために最初から赤を入れてもらうつもりで作れば良いではないでしょうか。チェックされたことをチェックされた通りに直すだけならば、五分もかかりません。でも、フォーマットを調べたりインターネットで調べたりするのには、いったい何十分の時間が必要になるでしょうか。

ルーティンワークに対して、僕は基本的にこのような発想で取り組んでいます。これで良いのです。それでも管理職の手をわずらわせるのはどうも気が引けるという方がいらっしゃるかもしれません。でも、あなたが調べるのに十分かかる教委の出しているフォーマットは、教頭にとっては一瞬のことなのです。だって日常的にそのフォーマットで文書を作っているわけですから、そんなことは調べる必要もないことなのです。実は時候の挨拶にしても同じです。教頭はまず間違いなく、三日以内に、いまこの時期の時候の挨拶を入れた文書を作っています。当たり前のことです。教頭の仕事とはそういうものなのですから。なんの遠慮もいりません。そんなことを調べるのに時間を使うくらいなら、明日のワークシートの一枚でも作った方が生産的です。僕らの仕事の中心は学校を管理することではなく、子どもたちを育てることなのですから。

僕は校務分掌なんてこんな感じの発想で良いのだ、僕らは子どもにこそ時間をかけるべきなのだ、そう言いたいのではありません。若い教師には勘違いしている人が多いのですが、誤解を怖れずに言えば、たかが一学級の学級経営や授業運営よりも学校全体を動かす校務分掌の仕事の方がはるかに重要です。学級崩壊は担任が交代すれば済みますが、学校の信用は一度失うと取り戻すのに何年もかかります。

僕が言いたいのは、こういう仕事振りの方が実は結果的に良い仕事ができるのだ、ということなのです。皆さんのなかに、自分は職員室のすべてを理解している、他の教師たちが考えていることをすべて事前に予測できる、そんな自信をもっている方はいらっしゃるでしょうか。おそらくいないはずです。なのに、「丁寧な仕事を」という自己満足的な思いが「自分なりの完璧な仕事」というイメージを作り出してしまうのです。「自分なりの完璧な仕事」を職員会議に提案したのに、反対されて腹が立ったことがありませんか。或いは落ち込んだことがありませんか。それはあなたの丁寧さと完璧さであって、その同僚にとっては完璧でないばかりか許容範囲内でさえなかったということなのです。文書の出来を見れば、だれだってあなたが一所懸命にした仕事であることはわかります。それでもその同僚にとっては許容できない提案だったのだということなのです。

「丁寧な仕事」とは本来、職員や子どものだれもが納得できるような仕事をする、そのことにこそ時間と労力を割くことを言うのだと僕は考えています。そのためには、短期的なルーティンワークであれば、「拙速」を旨とするのが一番なのです。それがさまざまな人たちの意見を通ったうえでの、結果的に「丁寧な仕事」を完成させるコツなのです。

4 隙間利用の原理

朝学活に行ったら、子どもが一人いない。欠席連絡は入っていないのにどうしたんだろう。昨日はあんなに元気だったのに……。さて、保護者に電話をかけなければならないわけですが、あなたはいつ、どこで電話をかけるでしょうか？

授業に必要なものを教材業者に発注するために電話をかけなければならない。あなたはいつ、どこで電話をかけますか？　ちょっとした保護者への連絡、部活動や研究活動に伴う他校の先生への連絡、行事にからむ旅行業者への連絡、数限りない電話連絡をあなたはいったい、いつ、どこでしているでしょうか。

僕は教室近辺の廊下、或いは教室のある階の特別教室で行います。朝学活中にちょっと廊下に出て、携帯電話で欠席連絡のなかった保護者に連絡してしまう。ものの一分もかかりません。朝学活のうちに「○○くんは風邪で欠席だそうだ」と日直に伝えることもできます。複雑な事情があるとわかれば、「すみません。朝学活中なので5分後にまたかけ直します」と言って、チャイムが鳴ると同時に教室と同じ階にある特別教室に行って再度電話をすることにします。勤務校は朝学活終了から一校時までに十分ありますから、かなり余裕をもって話をすることができます。これが一度職員室に戻って電話をかけていたのでは、一校時に間に合うには話す時間が二分程度しかなくなってしまいます。電話連絡が二本必要な場合には一校時に間に合わないということにもなってしまいます。

基本的に業者への連絡や他校の先生との連絡も、僕は特別教室で授業の合間の十分休みで済ませてしまいます。こうすれば電話連絡に空き時間や放課後が浸食されません。先方が不在の場合には伝言で済ませてしまいます。こんな感じですから僕はほとんど職員室にいません。

時にセミナー講師のオファーなどの電話が学校にかかってくることがありますが、僕が勤務時間中に電話に出るということはまずありません。勤務校は校内放送を非常時のものとし、職員を呼び出す校内放送をかけることを禁止していますから、僕の机上に電話取り次ぎのメモが置かれたとしても、僕がそれを見るのは何時間も経った後です。僕を講師として招いてくれる管理職が「取り敢えずご挨拶を」という感じで、電話をかけてくることがありますが、多くの場合、それも僕は無視します。折り返し電話をするということはまずありません。そういう意味では、僕は公務以外の仕事に関してはかなりビジネスライクです。僕が放課後をつぶして電話を折り返すのは、保護者に対してだけというのが現実です。こんな時代ですから、「公務外の仕事に関してはメールで済ましてくれよ……」というのが正直な本音です。

例えば、北海道の冬には、暖房がききすぎて教室が暑いということがあります。子どもたちも暖房を切って欲しいと言います。逆に、春先や秋などにまだ暖房が入っていなくて子どもたちが寒がる場合もあります。こんなときも、僕は携帯電話で学校に電話し、教頭に「〇年〇組に暖房を入れてもらえますか」と電話することにしています。

例えば、授業中にある子の具合が悪くなり、保健室に行きたいと言い出すことがあります。聞くと自分一人で行けそうなので、僕がついていくまでもないようです。こんなときにも、僕は携帯電話で学校に電話して保健室に取り次いでもらいます。そして「いま〇年〇組の〇〇さんが保健室に向かいました。よろしくお願いします」と連絡します。

電話連絡だけではありません。職員会議前に同僚の先生とちょっとした打ち合わせをしておきたい（いわゆる「根回し」ですね）、提案文書を作ったので事前に目を通してもらうべき人たちに文書を配付して回る、学年の生活指導の先生と今日の昼休みの生徒指導の分担について確認したい、ある子に昨日約束したこれこれについて確認したい、最近の学校生活に少し不安を感じる子がいるのでちょっとだけ二人で話をしたい……、こんな小さな、それでいて重要なやりとりを、僕はすべて授業の合間の十分休みにこなしてしまいます。実は、簡単なワークシート程度なら、パソコンを開いて十分休みに教室で作ってしまうことさえあります。

現在、中学校の日課はほとんどが六時間授業です。帰り学活が終わり清掃が終わると、放課後は四十五分間しかありません。しかも、十分休みは朝学活後・帰り学活前を含めて日に六回もあるのです。なんと六十分です。これを有効に活用しない手はありません。

多くの教師は十分休みが足すと六十分になるということを意識していません。また、一本の電話、一つの打ち合わせがだいたい何分程度かかっているのかということにも無自覚です。僕の経験で言いますと、それが連絡であろうと根回しであろうと文書の説明であろうと、一つの連絡にかかる時間はだいたい三分以内です。放課後や空き時間など時間のあるときにやると雑談が紛れ込んでしまい、必要以上に時間がかかっているだけなのです。

僕は中学校教師ですから、一日に一〜二時間程度の空き時間があります。毎日、放課後の時間が四十五分間あります。この時間にはパソコンを開いて必要な提案文書を作ったり、授業のワークシートを作ったり、保護者と電話で相談したりします。しかし、そうした仕事はいつもいつもあるわけではありませんから、大きな声では言えませんが、僕の勤務時間は余っているというのが実態です。そしてそれは、一日六十分、週に五時間にもわたる「隙間時間」にちゃんと仕事をしているからなのだと自負しています。

5 備忘徹底の原理

学級代表委員会で今月の目標が決まりました。委員長も副委員長もスムーズに議事を進行してくれました。この後、書記の子に委員会便りを書いてもらい、それを印刷して学年全体に配付することになります。書記の子に用紙を渡して、「明日の朝までに書いてきてね」と伝えます。書記の子も元気に「はい、わかりました」と応えます。ひと安心とその日の委員会を終えます。

次の日の朝、いつも通りに朝学活を終え、授業をしていて、あなたはふと気づきます。そういえば、委員会便りをあの子が持って来ていない……。昼休みに書記の子を探してみますが見当たりません。体調を崩して欠席でもしているんだろうか……。ちょっと気になりながらも、そのまま午後の授業に入ります。ばたばたしているうちに放課後になってしまい、結局その日は書記の子に会えずじまいでした。

更に次の日、休み時間に書記の子を見かけます。「委員会便り、どうなってる？」と訊いてみると、「すみません、まだできてません……」とのこと。「じゃあ、放課後残ってやってね。先生はちょっと会議があるからつけないけど、できたら職員室の先生の机の上に置いておいて」と言って、あなたはその子と笑顔で約束します。

ところが放課後、打ち合わせを終えて職員室に戻ってくると、あるはずの委員会便りがありません。もう授業が終わって一時間も経っているのに。もうできていてもおかしくないのに。教室に行ってみると、書記の子はお友達とおしゃべりに花を咲かせています。「委員会便りは？」と訊くと「まだできてない」とのこと。堪忍袋の緒が切れたあなたは、「残って書け！」とつきっきりで指導しながら、お便り一枚を完成させることになります。

さて、この事案、いったいどれだけの時間を無駄に過ごしたでしょうか。

僕はこういうとき、書記の子の目の前で自分の手帳を開いてメモをします。明日の朝一番の仕事として、この書記の子に委員会便りについて打ち合わせることを意味するメモです。「（朝）委員会便り・Ａさん」のような書き方です。「じゃあ、明日の朝ね」とひと言伝えて終わりです。

先の事案との違いがおわかりでしょうか。

まず、書記のAさんは、先生がメモまで取っているのですからこの仕事をなめなくなります。「ああ、いいかげんにはできないのだな」と感じてくれます。また、もしもAさんが次の日の朝に持って来なかったとしても、朝一番の仕事として「To Do リスト」に書いてあるのですから、朝学活が終わった時点ですぐにAさんに会いに行くことになります。

要するに、自分自身が忘れているということがなく、朝の段階で状況を把握してしまえるのです。その場で仕事の段取りをつけてしまうことができるわけです。更に言えば、教師が日常的にこうした仕事振りをしていること自体が、子どもたちに「この先生との約束は破れない」という思いを抱かせ、子どもたちが仕事をさぼったり忘れたりということ自体が少なくなっていくのです。

別の例を考えてみましょう。ある子が「先生、相談があるのですが……」と言ってきたとします。ところがいまはどうしてもはずせない用事があって、その子に対応することができません。「ごめんね。いまちょっとはずせないんだ。明日の昼休みでもいいかな？必ず時間をつくるから」と言ってその場をしのぎます。さて、次の日の昼休み、もしもあなたがこの子との約束を忘れたらどうなるでしょうか。教師にとってたくさんの子どもたちがいるなかたった一人とした小さな約束ではありますが、その子にとっては、先生と交わした大きな約束です。もしも教師がこの約束を忘れていたとしたら、教師は「嘘つき」になり、この子は大きなショックを受けるかもしれません。実はこういうときにも、僕はその子の前で手帳を開いて、「(昼) Bさん・相談室」と書き記します。

一般に「備忘録」と言うと、授業の週案や仕事の「To Doリスト」のことだと考えられています。もちろんそれらも大切ですが、実は授業や仕事を忘れるということはまずないのです。教師が失念してしまうことで後に大事になったり、思わぬ時間を奪われることになったりするのは、こうした小さな約束や子どもに徹底したい指導、或いは保護者へのちょっとした連絡など、いわば小さな「凡事」なのです。教師が信用を得るにも、教師が時間を奪われない仕事の仕方をするにも、実は根っこは同じ、「凡事徹底」です。小さな約束を蔑ろにしない日常を送ることで、実は子どもや保護者との信頼関係が少しずつ高まっていき、それに伴って仕事も充実していくのです。

もちろん、「目の前で手帳にメモされるなんて」と四月当初には抵抗を抱かれることもあります。しかし、それは最初だけのことです。しかも、「ごめんな、先生忘れっぽいから、こうしてメモ取っとかなきゃ忘れちゃうんだ」と笑顔で言えば良いだけのことです。

小さなことほど、「備忘の徹底」が仕事をスムーズに進行させます。人間関係さえスムーズに展開させます。この原理を侮ってはなりません。子どもや保護者に対する例ばかりを挙げましたが、実は僕は同僚や管理職との打ち合わせでも同じ手法を使います。管理職が忙しさを理由に約束の時間を破った場合には、その後はこちらの都合に合わせることを要求することにしています。管理職にもなめられなくなることを保障します（笑）。まあ、僕をなめてかかる管理職はもともとあまりいませんけれど……（笑）。

6 諸事記録の原理

僕はいわゆる「メモ魔」です。メモと言うと一般に、「To Do リスト」や備忘録、情報発信するための構想メモなどが思い浮かぶと思います。しかし、僕の言う「メモ」は少し違います。日常生活のなかで「これは使える！」と思うようなことを必ずメモするのです。しかも子どもとのやりとりや同僚とのやりとり、授業中の出来事や職員会議での揉め事など、良いこと・悪いことにかかわらず、「あっ、この出来事には何か発見がありそう」とか「あっ、この出来事には複合的な要因がありそう」とかと直感的に感じた事柄について、細かく手帳にメモを取るわけです。僕は「エピソード記録」と呼んでいますが、まあ、ほとんど日記であると思っていただければそれほど大きくはずれないと思います。

こういう習慣がついて、もう二十年近くになります。二十年分も溜まりますと、もうその手帳は学校教育に関して考えるべきことの宝庫です。僕が原稿執筆に使うエピソードはすべて、この手帳に記録されている過去のエピソードから見つけたものなのです。

例えば、生徒指導のとき、子どもを追い込む場面。お前は何月何日にこういうことをしてこんな風に反省の弁を述べた、何月何日にはこういうことを「もう二度としない」と約束した、何月何日には……とすべて挙げることができます。また、それを紙に書いてその子に示しながら、「ほら、最初は毎週のように指導されていたのに、ここは一ヶ月間空いてるだろ？　そして今回は二ヶ月半振りの指導だよ。今回もまた失敗はしちゃったけど、先生はお前が頑張っていないとは思っていないよ」などと、事実に基づいた説得力ある指導もできるようになります。

　また授業中のエピソードは、子どもたちの実態の把握はもちろん、日々の教材研究や日々の授業技術の開発にとても役立っています。授業中に子どもが自分が想定していない、考えたこともない意見を言い出したとき、或いはできる子がちょっとした勘違いで大きなミスを犯したとき、グループ討議で一つだけ他のグループとは違った見解を示したときなどなど、すべてエピソードとして記録します。実はこうした出来事はすべて分析に値します。職員会議の激論は、職員室の人間関係や力学、いろいろなタイプの教師のこだわりポイントを分析するための最高のネタを提供してくれています。職員室のチームビルディングを考えるうえで実は大切な大切な出来事なのです。

　しかし、こうした出来事は、放っておくと二、三日で記憶から消えていきます。忘却の彼方へと去って行きます。エピソード記録こそが僕の仕事を充実させているのです。

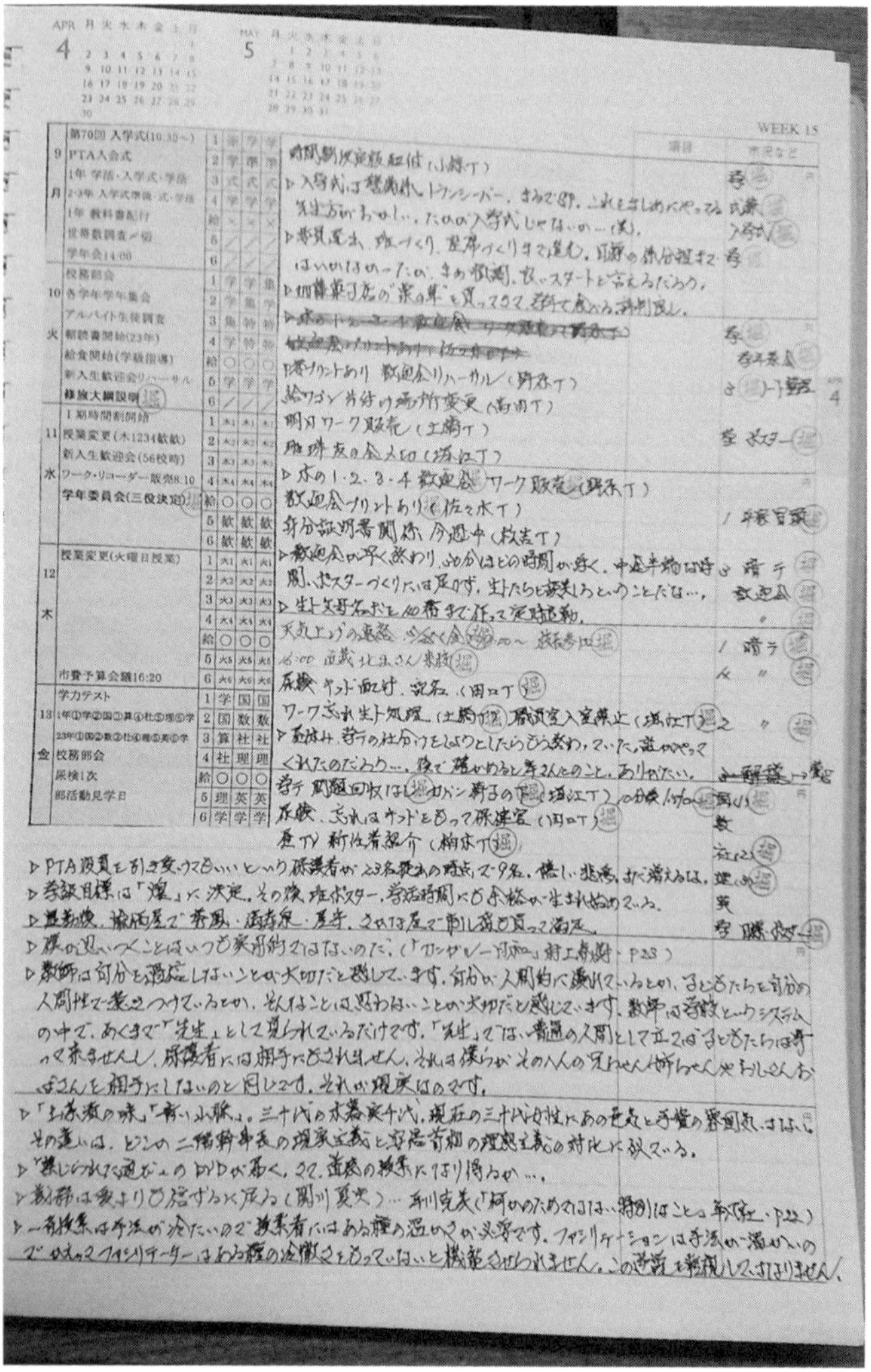

WEEK 15
第70回 入学式(10:30~)
PTA入会式
1年 学活・入学式・学活
2・3年 入学式準備・式・学活
1年 教科書配付
世帯数調査～切
学年会14:00
校務部会
各学年学年集会
アルバイト生徒調査
朝読書開始(23年)
給食開始(学級指導)
新入生歓迎会リハーサル
修旅大綱説明
1期時間割開始
授業変更(木1234歓歓)
新入生歓迎会(56校時)
ワーク・リコーダー販売8:10
学年委員会(三役決定)
授業変更(火曜日授業)
市費予算会議16:20
学力テスト
校務部会
尿検1次
部活動見学日

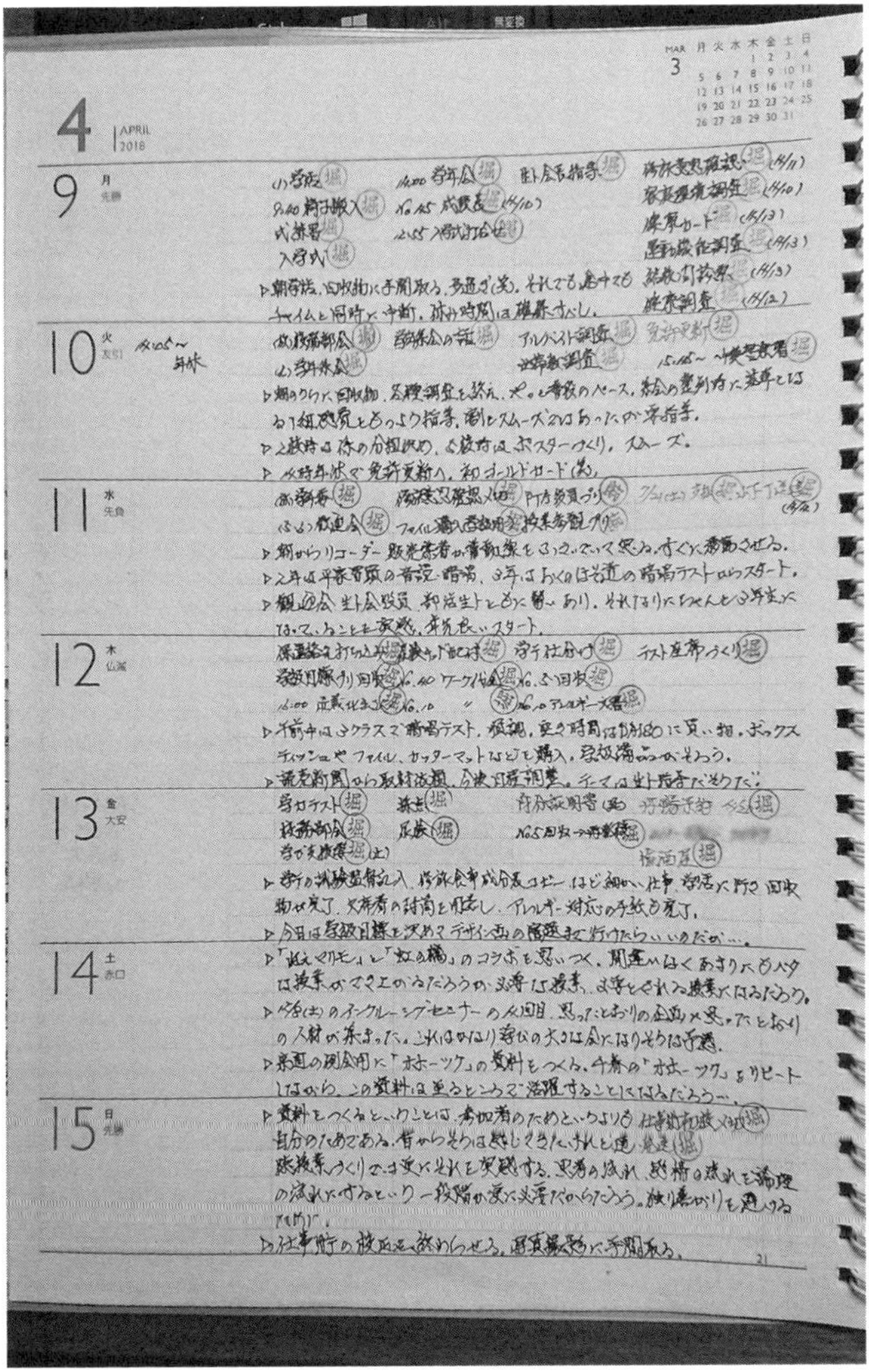
4 APRIL 2018
MAR 3
月 火 水 木 金 土 日
1 2 3 4
5 6 7 8 9 10 11
12 13 14 15 16 17 18
19 20 21 22 23 24 25
26 27 28 29 30 31
9 月 先勝
10 火 友引
11 水 先負
12 木 仏滅
13 金 大安
14 土 赤口
15 日 先勝
21

7

時間蘇生の原理

これまでを読んで、僕の仕事術の提案が「時間をケチること」にあるように感じたかもしれません。確かに僕はこれまで、時間に限りがあることを意識して、余白時間をつくらずにコン詰めて仕事して早めに退勤するということを中心に提案してきました。読者の皆さんのなかには、こんなせせこましい時間の使い方はいやだ、堀のようにはなりたくない、そう感じた方がいらっしゃると思います。しかし、僕はそれを断固として否定します。

時間には〈活きている時間〉と〈死んでいる時間〉とがあります。

例えば、「こんな議論しても無駄なのになあ……」とイライラしながら会議に参加しているとき、その時間は死んでいます。「なんでこんな文書をオレが作らなきゃならないんだ……」と不満に思いながら連絡文書を作っているとき、その時間は死んでいます。「早く終われ、急いでるんだから……」と機械をせかしながら印刷しているとき、その時間は死んでいるのです。

例えば、忙しい時期に子どもがトラブルを起こすことがあります。人間ですから、どうしてもイライラしながら指導することになります。しかし、とにかく早く終わらせたいとイライラしながら指導をしているとき、その時間は死んでいます。

授業が想定していた通りに進まずに滞り、「ああ、明らかに失敗だ」と感じることがあります。とにかくできるところまで進めようと、アリバイづくりのような授業を進めてしまいます。そんなとき、その時間は死んでいます。

勤務校の呑み会が開かれます。それほど出席したいわけではありません。でも義理があるから一次会だけは出席します。「早く終わらないかな……」が基本ですから、同僚との会話もはずみません。そんなとき、あなたの時間は死んでいるのです。

更に言いましょう。家に帰って特にすることもないからとテレビを眺めながら缶ビールを飲んでいるとき、日曜日に特に予定もないからとベッドのなかでだらだらしているとき、ひまつぶしになんとなくユーチューブをサーフィンしているとき、用もないのに携帯電話をいじって友達とつまらないメールをしているとき、みんなみんな、あなたの時間は死んでいるのです。

なぜ、どうせテレビを見るなら見たい番組だけをちゃんと見ないのでしょう。どうせ寝るなら、「よし！今日は休むぞ！徹底して寝るぞ！」と惰眠という名の休養を前向きに取ればいいではありませんか。ネットサーフィンもメールも、ひまつぶしではなく目的をもってやれば何倍も充実するのではないでしょうか。もちろん呑み会も同じです。

授業が失敗したのなら、惰性で授業を続けるのではなく、なぜ失敗したのかを分析しながら授業してみてはどうでしょう。「先生はこう考えていたんだけど、みんなはそうならなかった。どうしてなんだろう?」と子どもたちに訊いてみれば良いではありませんか。忙しい時期に子どもがトラブルを起こしたとしたら、さっさと予定の仕事のことなんか忘れて、よし! この事案で子どもたちとまた深くつながるぞ、この事案からも何かを学ぶぞ、発見するぞ、と気持ちを切り替えることはできませんか?

印刷なら「効率的な印刷の仕方を開発してみよう」、つまらない文書作りなら「つまらなくない文書にするための工夫点はないか」と考えてみれば、生産的な時間になります。無駄な議論の応酬が続く職員会議は、実は自分に成長をもたらす反面教師のオンパレードなのではありませんか? そう考え始めた瞬間に、すべての時間が生産的になるのです。息を吹き返すのです。僕が時間を区切ってルーティンワークに臨めというのは、時間を区切って工夫しようと思い始めれば、そういう生産的な時間の使い方をするようになるからなのです。

僕は二十代の頃から、自分のすべての時間を〈活きている時間〉にすることを夢想してきました。もちろん、いまだに到達はしていません。きっと生涯、到達することはないでしょう。それでも僕はおそらく何も考えずに仕事をするのと比べれば、「時間を生き返らせる！」という強い意識をもって取り組んできた僕の教師生活は、〈活きている時間〉が一般の先生方の何千倍も何万倍もあったように感じているのです。僕は時間をケチっているのではありません。時間を生き返らせようとしているのです。できれば自分の時間のすべてを〈活きている時間〉にしようとしているのです。

その証拠に、僕は放課後、子どもたちや同僚と馬鹿話をしたり、同僚や管理職と議論したり、ある子が気になってずーっと観察し続けたり、ある先生の仕事振りが気になって話を聞いたり、ある保護者の相談を受けて解決策を多様に考えてみたりということに、まったく時間を惜しみません。これらが自分で努力しなくても目の前に現れてくれた、明らかな〈活きている時間〉だからです。しかし、そういう時間は、自分から働きかけないと訪れないのです。待っていても向こうからやって来てはくれないのです。

〈活きている時間〉が突如現れたとき、それに没頭できるためには、常に時間に余裕をもっていなくてはなりません。当然、ルーティンワークのごときは効率的に進めておく必要があります。時間を殺さないためには、ルーティンワークの時間さえ密度を濃くする必要があるのです。

〈活きている時間〉は待つものではなく、自分で創り出すものなのです。

8 読書尚友の原理

読書尚友――読書によって先人を友とすることです。

僕は教師が本を読まなくなったと感じています。自分の本の売り上げが良いとか悪いとか、そんなケチな話をしているのではありません。僕の本も含めて、現在の教育書コーナーを賑わしている現場人や若手研究者の書いた本は、僕の言う「本」には入っていません。それらは研究書ではありません。実践書でさえありません。これらは教師を対象としたビジネス書に過ぎません。こんなものは、まあ読んでもいいけれど、実は読まなくても構わない、その程度のものです。僕は正直、そう捉えています。

僕が「教師が本を読まなくなった」と言うのは、教師が教養書を読まなくなったという意味です。まあ、教養書自体の出版点数が明らかに減っていますから、教職に必要な教養書を探すこと自体が難しくなっている事情もあります。新書の出版点数にはものすごいものがありますが、主張の深みもなく、学術的な裏づけもない、雨後の竹の子のような読みやすいだけの新書が決して少なくありませんから、新書の新刊は玉石混交どころか玉を探すのに四苦八苦するというのが実情です。

実は、ある友人（本を何冊も書いているような実践者です）に「堀先生の文章は読みにくい。僕は読者が読んですぐにわかる書き方にこだわっている」と言われたことがあります（山口県に住んでいるお笑い系小学校教師です）。そういう書き方もあるのでしょうが、僕は僕のいまの文体でも、「わかりやすさの限度」だと感じています。これ以上わかりやすくするためには、情意表現を更に多用しながら、一つ一つの段落を短くして、全体としてスカスカにしていくということになっていきます。想定範囲の限定や場合分けの具体例なども排除しなければなりません。しかし、それでは本を書く意味がありません。セミナーで語ったりＤＶＤにしたりする方が良いということになってしまいかねません。僕は本でしか伝えられないことを本にしたい。本で伝えられることとセミナー等で伝えられることとは分けて考えたい。そう考えています。

この中村健一のような発想で考える人（あっ、言っちゃった……）が、実は読者にも多くなってきていると感じています。多くなったというよりも、ほとんどになったと言っても過言ではありません。「私は読みやすい本しか読まない」と公言する人たちですね。僕が『学級経営10の原理・100の原則』を出したとき、何人もの方々から「こんな字ばかりの教育書が売れたのは奇跡だ」と言われました。仲間の教師たちからも言われましたし、編集者からも言われました。僕はそれを聞いて笑ってしまいました。「字で伝えるのが本でしょう。いつから教育書は画集や漫画になったのか」と。「余白で某かを伝える意図でもない限り、余白を極力少なくして情報量を多くするのが著者の誠意でしょ」と（笑）。

そもそも読みやすい本しか読まない人が、どうやって子どもたちに文章の読み方を教えるのでしょうか。一読してわかる文章を読むことを「読解」とは言いません。教科書教材は発達段階から見て自力では読めないような文章だから掲載されているのではありませんか。自力で読める文章なら自力で読ませれば良いのです。わざわざ授業で取り上げる必要なんてないではありませんか。なのに教師が、自分では自力で簡単に読めるものしか読まないと公言するのは、どう考えても背理なのではないか、僕にはそう思えます。

実は自力では読みにくい、調べながらでないと読めない、そういう文章を読み解いて理解する能力を高めるには、自力では読みにくい本を読むということ以外に方法がありません。脳味噌に汗をかいて読むのです。何度も何度も立ち止まり、それでもわからなければ繰り返して読むのです。「読書百遍意自ずから通ず」と言いますが、日本語で書かれている限り、調べながら読んだり繰り返し読んだりすれば、その意味は自然に理解されてくるものです。その労苦を最初から放棄しておきながら、子どもたちはなぜこんなに理解できないのかと感じたり、「私は教師として成長したい」と言ったりというのは、おこがましいのではないかと僕は思うのです。

正直に言いましょう。僕は年間三十冊程度の教養書を読まない教師には、教師としての資格がないと本音では思っています。少なくとも国語を教える資格はない、そう感じています。子どもたちに「いいかい？　一度読めばすぐに内容を読み取れる、わかりやすい本だけを読もう。そしてね、読めばだれでも理解できる、そういう文章こそが良い文章なんだ」と子どもたちに語る自分を想像してみてください。どう考えてもその指導は教師の読書指導・作文指導として相応しくない。そもそもわかりやすい文章しか読まない人は、わかりやすい文章しか読まない人ではなく、わかりやすいものしか「読めない人」なのです。その証拠に、そういう人の多くはわかりやすい文章、伝わりやすい文章を書くことができないではありませんか。そういう人に限って、恥ずかしげもなく内容のない学級通信を出しているではありませんか（ちょっと辛口が過ぎますね・笑）。

僕は平均して週に五冊の本を読みますが、そのうちの一冊は教養書にするよう心がけています。それ以外の本を読むときにも、なるべく偏らないように広いテーマをとか、小説を週に一冊は必ず読もうとかと意識しながら読書をしています。もしも『教養』を古くさい知識だと思っている読者がいるとしたら、それは違います。「教養」とは先人を友としながら社会に貢献するための、自分なりの叡智をつくっていく営みのことなのです。

9 物見遊山の原理

僕は原則として、金曜の夜はとことん遊ぶことにしています。それも、とことん愉しむことにしています。公務はもちろん、原稿も研究会も忘れて次の日の予定も考えずに遊ぶことにしています。それも早くて三時、遅ければ五時くらいまで遊ぶことにしています。土曜が休みなら朝帰りも珍しくありません。土曜が埋まっている日でも、朝方三時、四時まで呑んで土曜の九時半から講演……なんていうこともしょっちゅうです。こういう時間も、僕にとっては〈活きている時間〉です。

年々こういう生活がきつくなっていくのは感じていますが、きついから遊ぶのをやめたら総体的にはもっときつくなるという感じがしています。「老いたから遊ばなくなるのではない、遊ばないから老いるのだ」という先人の言葉を、僕は心から信じています。どうせあと十年もすれば遊びたくても遊べなくなるのです。そのときに「もっと遊べば良かった」「もっと愉しめば良かった」と後悔することだけはしたくありません。

「物見遊山」という言葉があります。物見と遊山ですから、見物がてら遊び歩くことを言うわけですが、もともと「山」とは山寺のことで、「遊山」とは僧が修行の後に他山に赴いて修行遍歴の旅をして更に自分を高めることを言いました。次第に山野の美しさを観賞することに転じ、それに「物見」がついて、一般に仕事や学業の気晴らしに出かけることを意味するようになったという経緯があります。修行僧が他山で自分の識見を広め深めようとしたように、我々も学校のなかばかりにいては成長しません。

僕にはバーのマスターやママ、居酒屋の大将や女将といった知り合いがいっぱいいます。彼らと親の介護について交流したり、政治や経済について愚痴ったり、下ネタ話に興じたりなんていう時間がたくさんあります。毎月髪を切る間の床屋談義はとても勉強になりますし、居酒屋でたまたま隣り合わせたお客さんと話し込むなどということもしょっちゅうです。特に最近は、若い頃の教え子たちが四十に近くなり、いろいろな職種に就いていますす。ばりばり働いている年代、呑みながら話をしていると僕の知らない世界をいっぱい教えてくれますから、教え子ともよく呑みに行くようになりました。そして僕にはこれらが明らかに自分の仕事に活きているという実感があるのです。

ふと気づいたとき、仕事だけの人間になっていませんか？　学校と家を往復するだけのふりこのような生活に陥っていませんか？　付き合うのは同業者だけなんていう狭い環境で生きていませんか？　子どもや同僚を忘れて愉しむ時間をちゃんともっていますか？明日の仕事、来週の仕事が頭から離れないままに休日を過ごしていませんか？　そもそも、ちゃんと寝てますか？　次の日に前日の疲れはとれていますか？　もしかしたら、あなたの仕事が充実しない理由の一つに、リフレッシュが足りないということがありませんか？

どうせ遊ぶのなら悔いの残らないように遊ぶ。明日があるしなあ……などと考えながら中途半端に遊ぶのではなく、開き直ってちゃんとしっかり遊ぶ。その方が長い目で見れば良いサイクルに繋がっていく。どうせ休むのならしっかりと休む。時間の無駄だとか、ちょっとでも何かしようとか、そんなことは一切考えない。開き直ってちゃんとしっかり躰を休める。これが僕の信条です。

そもそも自分自身が遊ぶことを抑制している教師に、遊びこそを本質とする子どもの教育、遊び疲れたら寝ることを本質とする子どもの教育などできるのでしょうか。若干屁理屈じみていることを承知のうえで、僕はそう思うのです。たった七十年か八十年の人生です。僕らは確かに教師ではありますが、宗教家ではありません。よりよく生きることも大切ですが、とことん遊ぶ、とことん寝るということの愉しさを捨てる必要はありません。教職を崇高なものと神聖化してはいけません。遊びには遊びの崇高さがあり、休養には休養の崇高さがあるのです。そしてきっと、遊び尽くしたからこそ理解できる神聖さもあるに違いありません。そういう開き直りが人生を豊かにするのではないでしょうか。

かつて小田実は「何でも見てやろう」と言いました。寺山修司は「書を捨てて町に出よう」と言いました。大江健三郎は「見る前に跳べ」と言いました。しかし、こういった物言いは、ある種の逆説なのです。人間はすべてを見ることはできない。だからこそ何でも見てやろうという意識が必要なのです。書には自分を形作ってくれる世界観が詰まっている。しかし、それだけに頼ると本の真意は理解できない。だから町に出る必要があるのです。見ることはだれもがしている。人間はそれに囚われる。だから跳べない。でも、跳ばない人間には実は見ることもできないのだ。見ようとするな。跳ぼうとせよ。そこに自ずから見えてくるものがある。簡単に言えば、僕は先人たちがこうした構造を言っているのだと理解しています。

いつしか、「物見遊山」という言葉は、否定的なニュアンスで使われるようになりました。しかし、仕事を充実させ、自らの生活を充実させようとすれば、「物見遊山」は必要なのです。メリハリのない生活のうえに仕事の充実などあり得ないのです。

ただし、必要なのはメリハリであって、人生そのものが遊んでばかりになってしまってはいけません。あくまで遊びは主従の従です。遊びを主としている教師もごく少数ですが見受けられます。ですから最後に、僕が言っているのはそれとは違うということだけは付け加えておきます（笑）。

10 日々発信の原理

自分の日常を発信型にすること――これが毎日の仕事を充実させるための最良の方法です。自分の生活を発信型にすると必然的に受信も充実していきます。

例えば、毎日学級通信で子どもたちのエピソードを二つずつ紹介すると決めたとしましょう。すると、なにか通信のネタになるものはないかという目で学級の子どもたちを見るようになります。最初は「これは！」という大きなエピソードばかりに目が向きがちですが、慣れてくると子どもの何気ないやりとりに実は大きな価値があることに気づかされたり、一度も通信にエピソードを書くことができないでいた子を集中して見ているうちにその子の意外な一面を発見したり……、そんな副産物が生まれ始めます。こうなるとしめたものです。子どもを見る目が急激に養われていきます。

何気ない、小さなエピソードを価値づける担任の目をどう表現するか、そんなことも考え始めます。その積み重ねが子どもに対する教師の指導言をも変えていきます。小さなことをしっかりと褒めることができるようになりますし、小さなことが後に大きなことに繋がる可能性があるのだということを、子どもに対する戒めとして語れるようにもなっていきます。要するに、子どもを見る技能が高まるだけでなく、子ども観、つまり「子どもを認識する目」が変わるのです。

　古くから教師の力量形成に研究授業をたくさんすることが奨励されるのも同じ理由です。四月に、今年の十一月に「ごんぎつね」で研究授業をすることが決まったとしましょう。このとき、過去の指導案を一つ手に入れてそれをそのまま追試するなんていう教師はほとんどいません（皆無ではありませんが・笑）。本屋で「ごんぎつね」に関する本を一冊だけ買ってその通りに追試するなんていう教師もまずいません（こちらは皆無です。本屋に行く時点で指導案追試の人よりもはるかに前向きな人ですから・笑）。

　たいていの場合、過去の指導案をいくつか手に入れ、「ごんぎつね」関連の書籍を三冊くらいは買うのではないでしょうか。そしてそれらを読み比べることで、自分はどんな「ごんぎつね」の授業をしたいのか、それはなぜなのか、それを実現するにはそれまでにどんな指導をしておかなければならないのか、そんなことを考えるはずです。そんななかで、物語の授業って子どもがどんな状態になれば成功したって言えるんだろうかとか、そもそも物語って何のために勉強するんだろうかとか、国語の授業って何のためにあるんだろうかとか、さまざまな〈メタレベルの問い〉が頭をもたげてきます。要するに、授業づくりの技能が高まるだけでなく、授業観、つまり「授業を認識する目」が養われていくのです。

僕は二十八歳で雑誌原稿を書くようになりました。三十歳の頃にほぼ毎月原稿依頼をいただくようになりました。三十二歳のときには、毎月、三～五本の原稿を寄稿するようになっていました。三十四歳のときには、三十歳のときに依頼された処女作を上梓しました。あれこれ悩み、あれこれ考え、依頼を受けてから四年かかって上梓したのです。僕はノリに任せて簡単に書くのも、自分で納得できないものが自分の処女作になるのも絶対にいやでした。そのこだわりをしてまあ及第点かなと思われるものを書き上げるのに要した歳月が四年だったのです。その後、単著・編著をあわせて八十冊以上の著書を上梓していますが、こうした執筆生活を送っていることで、僕の教育観、つまり「教育を認識する目」はどんどん発展してきているのです。発信型の生活に身を置くことは、実は受信を充実させるだけでなく、世界観、つまり「世界を認識する目」を高めることなのです。

いま、ブログやＳＮＳで発信する教師がたくさんいます。ただ、ネット上で発信している若い教師を見ていて僕が違和感を抱くのは、まったく練られていない文章ばかりが羅列されていることです。垂れ流すように文章がアップされているのですが、どれもワンエピソードで分析がないもの、今日体験したちょっといい話的なものが多いのです。この手のものをいくら書いたとしても、実は発信型の生活に身を置くことにはなりません。

御多分に漏れず、僕もブログやSNSに頻繁に発信し続けている教師の一人ですが、僕はつれづれなるままに綴った文章をネット上に上げることはありません。一度も推敲していない文章をネット上に上げることもしません。もっと言うなら、最低限、教育雑誌に寄稿しても良いようなレベルだと自分で納得できる文章しかネット上に上げていないわけです。ネット上にアップする小さな文章でさえ、一つのまとまりをもった見解を述べているのです。僕はこれを「認識のパッケージング」と呼んでいます。

両者の違いを侮ってはなりません。前者は自分の感覚にこだわり続けることを前提とした自己満足的な投稿であり、後者は日々の世界観拡大に向けての意図的な営みなのです。「発信型の生活に身を置く」とは後者のことなのです。

表現には必ず「相手意識」があります。「目的意識」もあります。「条件意識」や「方法意識」や「評価意識」もあります。これらがすべて揃った表現をすることだけが、「発信」の名に値するのです。だれに読まれることを想定もせずにただ漠然と書く、構成意識をもつことなくただつれづれに書く、書いたら書きっぱなしで自己評価することもない、こういう表現は自らの「世界観」に影響を与える表現にはなり得ないのです。

最後に、もう一度繰り返します。自分の日常を発信型にすること――これが毎日の仕事を充実させるための最良の方法なのです。

第二章
教師の仕事術一〇〇の原則

手帳術——仕事術ネットワークのハブを持つ

　僕はアナログ派ですから、いまでも紙媒体の手帳を使っています。おそらくこの習慣は退職まで続くでしょう。

　しかし、これを読んで、「そうか。やっぱり紙媒体の手帳がいいのか……」などと考える必要はありません。媒体が何かが問題なのではありません。「手帳術」というものは「媒体」ではなく、「機能」なのです。媒体が手帳であろうとタブレットであろうとスマホであろうと、そのこと自体は大きな問題ではありません。持ち歩きが可能で、人前でも作業ができ、「いま、自分がすべきこと」を確実に把握できる。それでいて「いま、仕事がどこまで進んでいるの

か」を確実に把握できる。それが「手帳術」の要諦です。

しかもそこには、自分の公務はもちろん、公務外の仕事、人と会う約束、遊びの予定など、すべてが書き込まれていなくてはなりません。仕事は仕事、家庭は家庭、遊びは遊び、そのように考えてはなりません。すべてそれを一括管理しているのは他ならぬ自分自身なのです。仕事と家庭と遊びはすべてネットワークで繋がっていて、仕事が遊びに転化することもあれば、遊びの中の発想が仕事に転移することもあります。そうした「活動ネットワーク」の集線装置、手帳の機能とはそれだけです。そう。手帳とは「ハブ」なのです。

手帳術

1 手帳は「年版」を使う
2 月予定を一望する
3 予定の質で色分けする
4 その週にやるべき予定を書く
5 終わった仕事には「済」印を押す
6 手帳のフォーマットを利用する
7 仕事は「流れ」で記録する
8 仕事が終了した日付を記入する
9 一つの仕事をできるだけ細分化して把握する
10 その日のエピソードを記録する

1 手帳は「年版」を使う

僕が使っている手帳は博文館新社から発行されている「デスクプランナー」というB5判の手帳です。値段は一六〇〇円＋税。全国の鉄道地図や大都市の地下鉄路線図、満年齢表や常用漢字表などもついていて、とても便利です。もう二十年以上使っています。

市販されている手帳には年版と年度版とがあります。皆さんはどちらをお使いでしょうか。おそらく年度版をお使いの方が多いと思います。僕らの仕事は年度を単位に進みますから。それは疑いなく、合理的に思えます。しかし、僕はもう三十年近く、手帳は年版を使っています。それは三月に二冊の手帳を持って仕事をするのがいやだからです。

一年間で最も長期的な見通しをもって仕事をしなければならないのはいつでしょうか。それは間違いなく三月です。四月にリセットされるのは子どもたちであって、僕ら教師ではありません。僕らは三月には次年度の一学期の予定とにらめっこしながら、常に中長期的な見通しをもって仕事をしています。三月と四月は実は連続しているのです。

むしろ、年末年始こそ一切なにも仕事をしない一週間が過ごせます。この時期は時間的にも精神的にもゆとりがあります。しかも正月休みが終わっても三学期には間があり、余裕をもって仕事のできる数日間があります。僕が年版手帳を使うのはこういう理由です。

2 月予定を一望する

手帳には週予定だけでなく、月予定が見開きで書き込める頁が必ずあります。そこに公務の予定、公務外の予定、原稿執筆の予定、遊びの予定などを書き込みます。今日がどの週の何日目に位置しているのか。今週は先週のどんな仕事と繋がり、来週のどんな仕事と繋がっているのか。今月中に予定していた仕事はどの程度予定通りに進んでいるのか、来月への持ち越しがあるとすれば来月の予定をどのように修正しなければならないのか。そんなことを考えるための頁です（次頁参照）。

僕の場合、この頁に最初に書き込まれるのはセミナーや原稿〆切などの予定です。そうした予定が決まるのは半年から三ヶ月ほど前ですから、公務よりは早く決まります。続いて記入されるのが公務です。公務関係の予定は、職員会議で月行事予定が提案されるときに書き込むことにしています。特に放課後の会議の予定はプライベートを侵食する怖れがあります。セミナー前日の金曜日に遠くから来る講師と呑む予定がある。そんな日に六時間授業の後に会議が入る。勤務時間を過ぎそうだ。そんなときには職員会議の直後に、「すいません。この日予定があって五時に学校出ます」と会議の責任者に伝えてしまいます。僕は生徒指導でない限り、プライベートを優先することにしています。

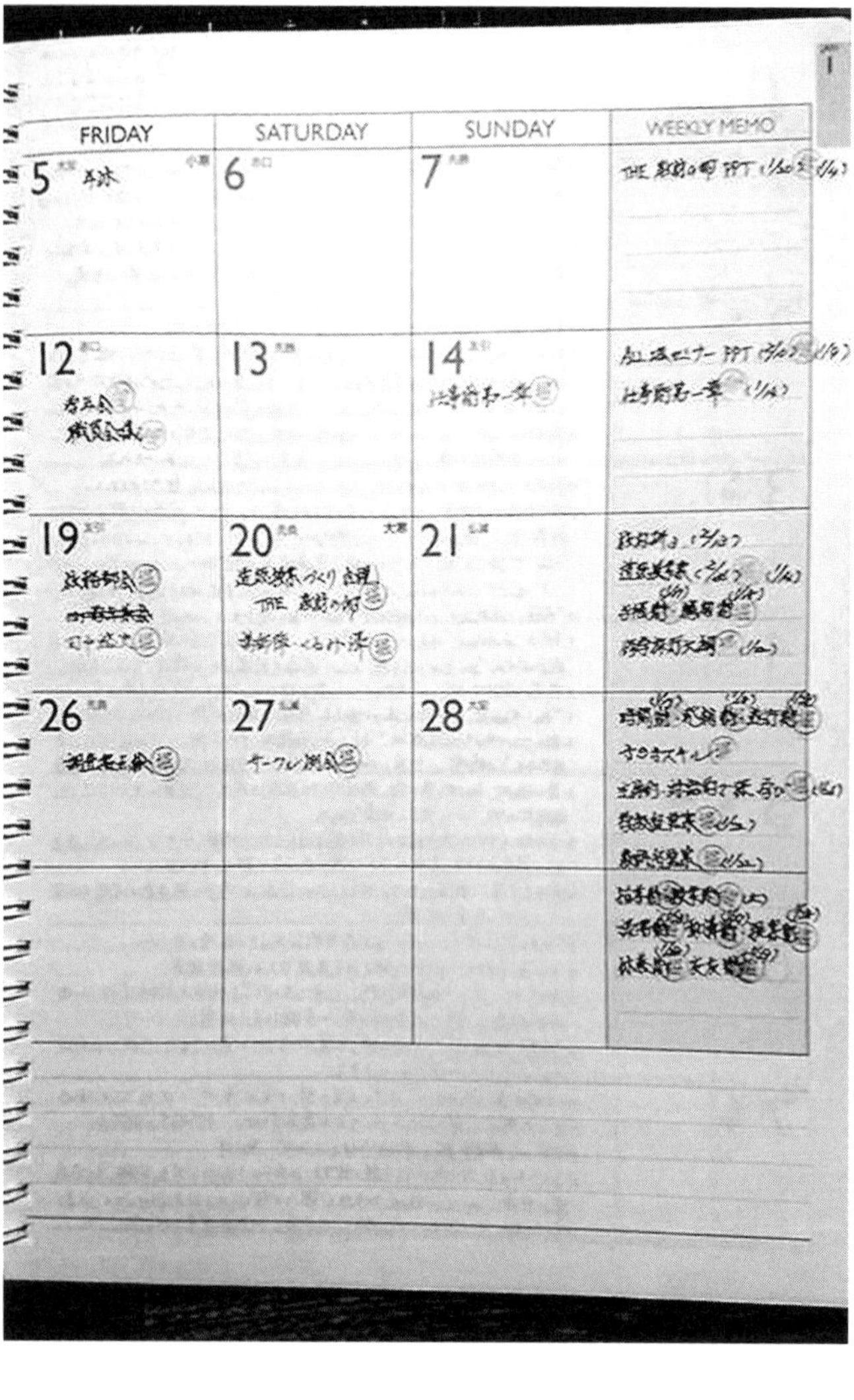
FRIDAY
SATURDAY
SUNDAY
WEEKLY MEMO
5
6
7
12
13
14
19
20
21
26
27
28

1
JANUARY 2018
MONDAY
TUESDAY
WEDNESDAY
THURSDAY
New Year's Day (US,UK)
Martin Luther King,Jr.Day (US)
MEMO

3 予定の質で色分けする

僕は手帳に予定を書き込むとき、その「予定の質」で色分けしています。校務上の予定や会議などは黒。原稿や提案資料づくりなど、要するに書き物系の予定は赤。外勤や出張、セミナーの予定など、自らの躰が拘束されるタイプの仕事は青。公務外で人と会ったり呑み会があったりなど、プライベートの予定は緑。この四色を使い分けるわけです。

例えば、前頁で言うと、1月11日（木）の四つの会議は校務上の会議ですから、すべて黒で書かれています。12日（金）の二つの会議や15日（月）の三つの校務予定なども同様です。ただし、14日（日）の「仕事術第一章」（本書の第一章ですね）は赤で書かれています。29日（月）の「定期テスト範囲発表」、31日（水）の「学級経営案他」も赤です。この二つの予定は校務上の予定ですが、某かの書き物を作らなくてはならないという意味では原稿と同質です。要するに、書き物や出張・セミナー系は公務かそうでないかを僕は考えていないということなのです。20日（土）の「道徳授業づくり札幌「THE 教材の卵」」、25日（木）の「もみ南新卒来校」は青です。後者は初任研の一環として新卒さんが僕の授業を半日見に来ることを意味しているのですが、時間的に拘束されるという意味では青なのです。このように色分けによって「予定の質」を把握しやすくしているわけです。

4 その週にやるべき予定を書く

仕事の予定には何日までと〆切は規定できないけれど、その週のうちにはやらなければならない仕事があります。また、〆切はまだまだ先なんだけど、いまのうちにやっておくと後で楽になるというタイプの仕事もあります。こうした「その週のうちにやるべき仕事の予定」を月予定の頁に書き込んでおくことも大切です。そうしないと、まだまだ〆切は先だとなんとなく先延ばしにしてしまい、〆切が近くなって慌てることになります。読者の皆さんにも覚えのある方が多いと思います。

僕の場合、これを書き込むのは一番右側の「WEEKLY MEMO」という欄です。その週のうちに仕上げてしまおうという仕事について、公務・非公務を問わずに書き込むことにしています。例えば1月第三週に「手帳術・構想術」という記述があります。この週のうちに本書の第二章の「手帳術」「構想術」を仕上げてしまおうという目論見です。ちなみにいまこの原稿は1月15日（月）に書いていますから、この目論見に向かって着々と進行しているわけです。この予定が書かれていなかったらこうはいきません。ただ予定のない日として、帰宅後はなんとなくだらだらとテレビでも見てしまったかもしれません。そうした堕落を避けるためのメモと考えれば良いでしょう。

5 終わった仕事には「済」印を押す

その日にやるべき仕事の予定、その週にやるべき予定、その月にやるべき予定、これらはいずれも「To Do リスト」を意味しています。当然、その仕事をやり終えたときには「済」印を押すことになります。先の手帳の実物をご覧いただければわかりますが、私の場合には「堀」という自分のシャチハタ訂正印をこれに当てています。訂正印としての機能と済印としての機能を一つで賄おうというわけです。ズボンの右ポケットに入れて携帯しています。小さい判子で失くしやすいので、小銭入れの中にも一つ予備を入れています。

済印を押していると、仕事が終わって、どんどん捺印されていくのが楽しくなってきます。大きな仕事であっても小さな仕事であっても、捺印は必ず一つ押されます。その日は小さな仕事ばかりだったのにずいぶんと判子が押されていると、なんだかたくさん仕事をしたような気がして気分もよくなります（笑）。

その日の「To Do リスト」を作っている人は多いものです。PCに付箋を貼っている人もよく見ます。でも僕は「To Do リスト」は消えてしまっては意味のないものだと考えています。すべての仕事は昨日や明日と連続し、その週やその月やその年の中で相対的に位置づけられ意味をもつものです。手帳なら次年度に見返すこともできるのです。

6 手帳のフォーマットを利用する

週予定の頁も基本的には月予定と同じ原理で「To Do リスト」を作成します。即ち①できるだけ会議の段階で予定を書き込むこと、②予定の質で色分けすること、③日を定められない仕事についても記述しておくこと、④終わった仕事には「堀」印を押すことです。

週予定の頁はその手帳によって罫線の引き方に特徴があります。僕の使っている手帳は左側が四段になっています（次頁参照）。一番左側を日程的な予定を中心に、一番目・三番目の枠をその日にすべき「To Do リスト」を中心に、一番右側をプライベートの予定を中心に、僕の場合はそのように記録しています。

1月15日（月）の欄を見て下さい。始業式やテスト、学年会などは一番左に、テストの採点や通知表の回収、書き初めの掲示といったその日にすべき仕事については中央に、「学級経営編著2年再校」というプライベートの予定は一番右に書いてあります。17日（水）のように休暇取得等は日付のすぐ横に記入します。

また、右側の頁にはその週の学校の行事予定を貼付し、その横に朝の打ち合わせの内容をメモします。一番右側の小さな枠は一日が六段なので六時間授業の計画を、二番目の枠には最上段にその週に終わらせるつもりの日程の確定しない文書仕事を記述します。

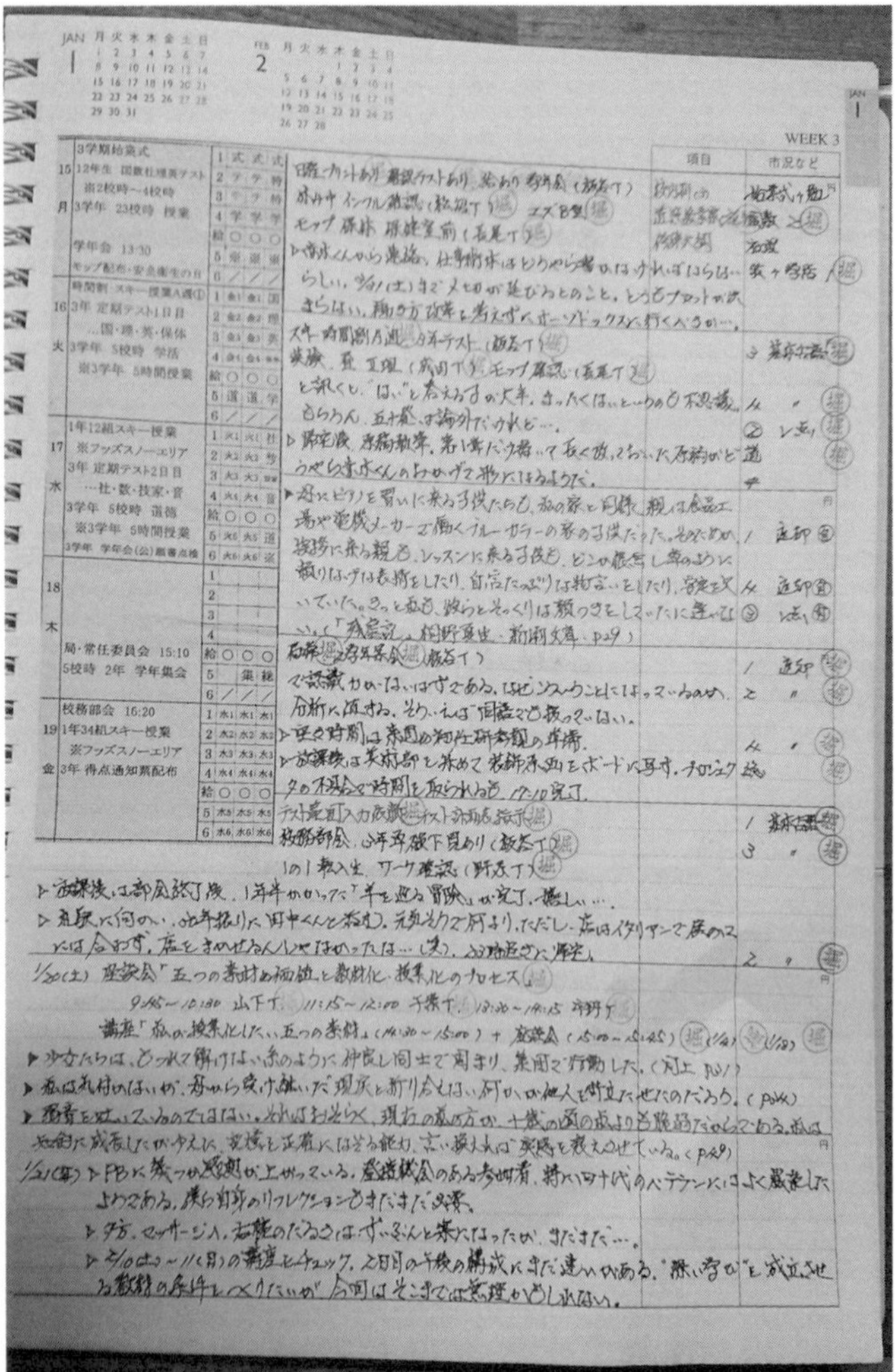

JAN 1

FEB 2

WEEK 3

15 月	3学期始業式 12年生 国数社理英テスト ※2校時〜4校時 3学年 23校時 授業 学年会 13:30 キップ配布・安全衛生の日	1 式 式 式 2 テ テ 特 3 テ テ 特 4 学 学 学 給 ○ ○ ○ 5 ○ ○ ○ 6 ／ ／ ／		
16 火	時間割 スキー授業A週① 3年 定期テスト1日目 …国・理・英・保体 3学年 5校時 学活 ※3学年 5時間授業	1 金1 金1 国 2 金2 金2 理 3 金3 金3 英 4 金4 金4 給 ○ ○ ○ 5 道 道 学 6 ／ ／ ／		
17 水	1年12組スキー授業 ※フッズスノーエリア 3年 定期テスト2日目 …社・数・技家・音 3学年 5校時 道徳 ※3学年 5時間授業 3学年 学年会(公)願書点検	1 火1 火1 社 2 火2 火2 数 3 火3 火3 4 火4 火4 音 給 ○ ○ ○ 5 火5 火5 道 6 火6 火6 ※		
18 木	局・常任委員会 15:10 5校時 2年 学年集会	1 2 3 4 給 ○ ○ ○ 5 集 総 6 ／ ／ ／		
19 金	校務部会 16:20 1年34組スキー授業 ※フッズスノーエリア 3年 得点通知票配布	1 水1 水1 水1 2 水2 水2 水2 3 水3 水3 水3 4 水4 水4 水4 給 ○ ○ ○ 5 水5 水5 水5 6 水6 水6 水6	項目	市況など

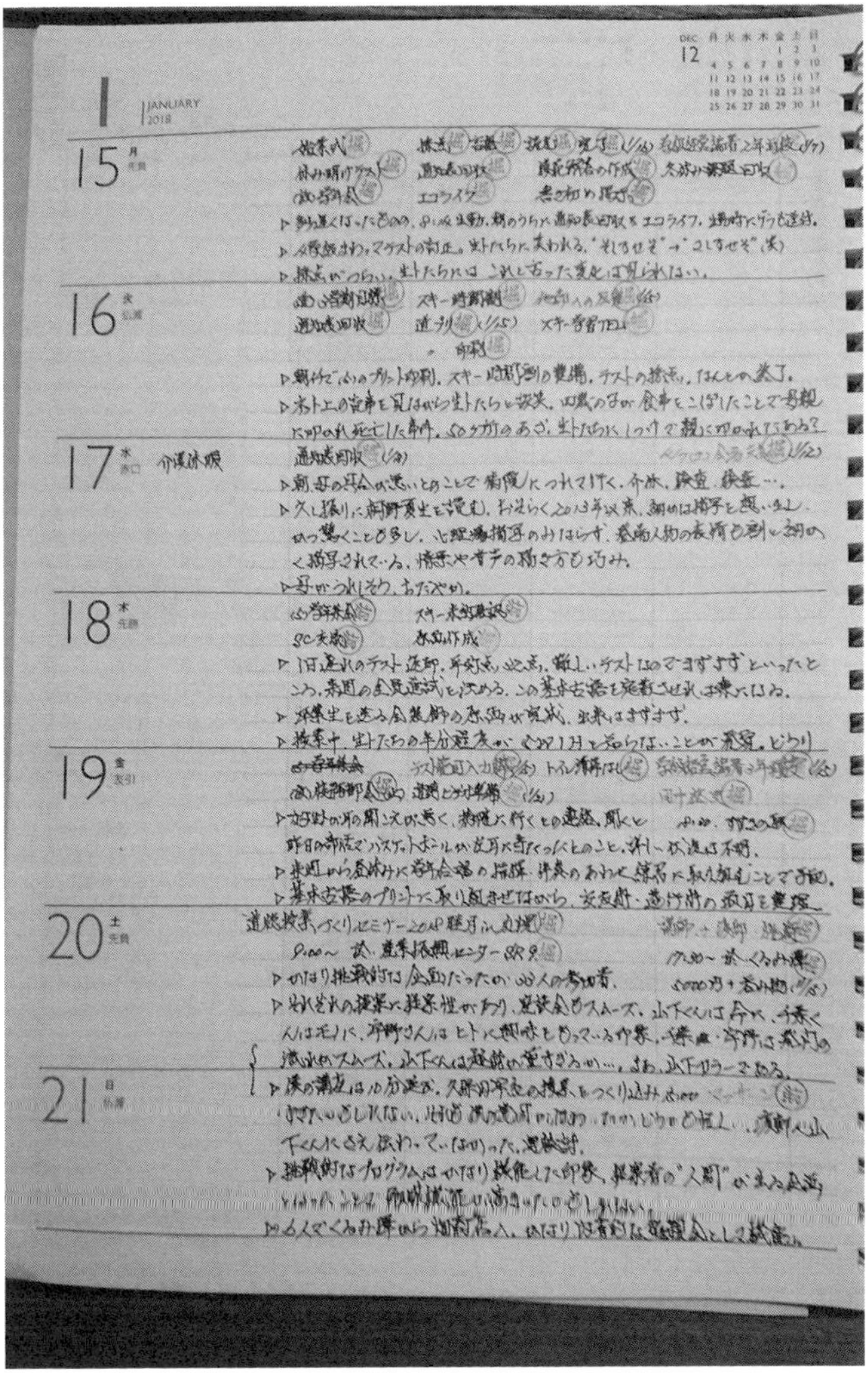
1
JANUARY
2018
DEC
12
月 火 水 木 金 土 日
15 月
16 火
17 水
18 木
19 金
20 土
21 日

7 仕事は「流れ」で記録する

15日（月）の朝打ちメモの欄をご覧下さい。「日程プリントあり　確認テストあり　給あり　学年会（板谷T）」と書いてあります。朝打ちで教務主任の板谷先生がこういう一日だと連絡したことを意味しています。一日のうちでそれが終わる度に「堀」印を押して、その仕事が終わったことを確認しています。二つ目に養護教諭の松沼先生が「冬休み中にインフルエンザにかかった生徒を確認して報告してくれ」との連絡をしています。その後、「ユズB型」と書いてあるのは、朝学活で確認したところ「ユズ」（仮名）という子がインフルエンザB型に罹患したことを示しています。「堀」印が押してあるのは養護教諭に報告したという意味です。三つ目には保体部の長尾先生が保体委員が保健室前からモップを持って行くという連絡をしています。16日（火）に「モップ確認（長尾T）」というメモがありますが、これは次の日にモップを間違って持って行った学級があったので確認して欲しいとの連絡を受け、それを自学級の保体委員に確認したことを意味しています。

打ち合わせ内容だけではなく、その連絡をした人の名前まで書いておきます。手帳というものはその日その時だけのものではありません。例えば、次年度に自分が保体部になったとしましょう。すると、この手帳で今年の保体部長である長尾先生がいつ、どんな連絡をしているかを見ていけば、保体部の一年間の仕事の動きが把握できるわけです。教務主任はこの時期に何をするのか、生徒指導主事はどんな連絡をしているか、こうしたメモを残しておけば、学校の校務分掌のいかなる仕事も細かく把握することができるようになります。また、来年の三学期始業式の朝にこの欄を見れば、始業式の一日にやるべきことが確認できます。一年後の自分のために、将来やることになるかもしれない校務分掌のために、そうした視点での有機的なメモの取り方をする必要があるのです。

19日（金）の朝打ちメモ欄をご覧下さい。最初に「テスト範囲入力依頼　テスト計画表指示」と書かれています。実は赤で書かれています。これは2月19日（月）・20日（火）に行われる学年末テストのテスト範囲表の入力をお願いすることを意味しています。テスト範囲表は生徒たちには29日（月）に配付されます。そのためにこの日に「各教科にテスト範囲をコンピュータに入力することを依頼しなければならない」というメモです。また、同じ日の左の頁を見ますと、「テスト範囲入力枠」とメモされ、「堀」印が押してあります。各教科がテスト範囲を入力するためのフォーマットもこの日までに作らなければならないことを意味しています。「テスト計画表指示」というのは、テスト計画表を作成する係の若い先生に29日までに作ってねとこの日に確認しなければならないことを意味しています。仕事を「流れ」で把握するとはこういうことなのです。

8 仕事が終了した日付を記入する

15日（月）の「To Do リスト」欄をご覧下さい。「採点　言語　読む　完了」と書いてあり、そのどれもに「堀」印が押してあります。採点が完了したことを示しているわけですが、その後に「1／16」と書いてあることに注目していただきたいのです。これはテストを行った15日のうちに採点を完了するつもりだったけれど、その日のうちには終わらず、16日（火）に完了したことを示しています。実は作ったテストの問題数が多すぎ、予定通りに採点を終わらせることができなかったのです。来年のこの時期、この記述を見直せばおそらくはこの失敗が思い起こされるはずです。次年度に冬休み明けテストの質について考える機会となるはずです。こうしたことも想定します。

同じく15日（月）に「通知表回収」とあります。始業式の日に通知表を回収するのは当然のことです。しかし、「通知表回収」というメモが16日（火）にも、17日（水）にもあります。持ってくるのを忘れた生徒がいて、すべて揃うまでに三日かかったことを意味しています。こういうメモを取っておくと、この手帳を見返したときに、こうした重要提出物の忘れ物を減らすにはどうしたら良いかという問題意識が生まれます。次年度、生徒たちに「去年は三日かかったよ」などと言って注意を促すこともできるようになります。

また、16日（火）には「道プリ（1／15）」「同印刷」という記述もあります。これはこの日の道徳のプリントは15日に作り、そのプリントの印刷はこの日にしたことを意味します。また、「他部への反省（1／15）」という記述もあります。これは年度末反省の他の部（校務分掌）へ要望する事項プリントを作成することを意味しています。学年主任として前日の学年会で話し合われた内容をまとめて、教務に提出する文書を作るわけです。これも15日（月）のうちに完了したことを意味しています。これらからわかることは、始業式の日は忙しいように見えて、会議が終わった後にはプリントを二枚作成する程度の時間の余裕はあるのだということです。先の採点業務が遅れたことを考え合わせれば、僕はテストの採点よりもプリントを作ることを優先したのだとわかります。では、採点も終わらせ、これらのプリント作りも終わらせる、そうした手立てはないか……、そうした問題意識が生まれます。

そろそろおわかりかと思いますが、仕事の予定・計画を立て、それがどのように遂行されたかをメモしておくことによって、僕は仕事を効率化したり仕事の質を高めたりするためのヒントを得ようとしているわけです。多くの人が「仕事は計画的に」と考えます。しかし、なかなかそれは達成されません。それはなぜかと言うと、どのように仕事が完了したかに無自覚だからなのです。計画と実行をまとめて反省する必要があるのです。

9 一つの仕事をできるだけ細分化して把握する

前項で挙げたテストの採点は、「採点　言語　読む　完了」と書いてありました。これはこの日に採点業務がありますよ、テストの観点項目は「言語事項」と「読むこと」ですよ、そして「完了」と四つに細分化されています。採点はまず、「言語事項」の問題をすべての学級分採点し、その後「読むこと」の問題をすべての学級分採点するという順番で進みます。その方が答えを暗記して採点できるので効率的だからです。仕事の「To Doリスト」作りの段階でこうした細分化を意識します。

20日（土）を見て下さい。この日は僕の主催する道徳のセミナーがありました。この日に僕は「私が授業化したい五つの素材」という講座をもつことになっていました。その講座タイトルが右側の頁にメモしてあります。しかし、問題はその後に「堀」印が三つ押してあることです。最後の「堀」印は当日にその講座が終了したことを示しているのはおわかりかと思います。では、前の二つは何でしょうか。これらは実は、この講座のパワーポイント作成が1／4に完了したこと、プリントやパワーポイントの配付資料の印刷が1／18に完了したことを示しています。予定や計画を記入する段階だけでなく、このように遂行に至る段階も細分化して捉えることが必要なのです。

10 その日のエピソードを記録する

手帳の余白部分には「エピソード」を記録します（第一章「諸事記録の原理」参照）。15日（月）に「4学級まわってテストの訂正。生徒たちに笑われる。そしすせそ→さしすせそ（笑）」とあります。この日の冬休み明けテストでは、平仮名をそのもととなっている漢字に直すという問題がありました。例えば、「あいうえお」を「安以宇衣於」に直すというような問題ですね。この問題文の「さしすせそ」が「そしすせそ」となっているミスがあって、試験が始まってから四つの学級を訂正してまわったわけです。生徒たちは「そんなのわかるよ」とか「かわいいミスだ」とか言いながら笑っていました。そのエピソードを記述しているわけです。

どうでしょう。ちょっとしたほのぼのエピソードとして、原稿や講座のネタにならないでしょうか。こんな些細なエピソードは、記録しておかないとすぐに忘却の彼方です。しかし、記録しておけば、「なんかいいエピソードないかな……」といつでも探せるわけです。僕はこうした「エピソード記録」を既に二十数年分もっています。この二十数年の記録が、原稿を書くうえでも、講座を作るうえでも、またちょっとした笑い話をするうえでも、ずいぶんと役立っているのを日々実感しています。

時間術——すべての時間を充実のベクトルに向ける

「時は金なり——Time is money」という諺があります。アメリカ合衆国建国の父の一人とも目されるベンジャミン・フランクリンの名言が輸入されてできた諺とされています。一般に「時間はお金と同じように貴重なものだ」という意味で用いられますが、もともとは本当に「時間こそがお金をもたらす。無駄な時間を過ごさずに常に益のあることに時間を使え」という意味であったとも言われています。

我々教員の生活は一般に、時間を生み出したからと言ってそこで何らかの仕事をして収入を得るというわけにはいきません。しかし、「益のあること」をもう少し広く、経済的な活動だ

けでなく精神的に潤いをもたらす活動や教師としての修養にまで広げて考えるならば、ベンジャミン・フランクリンの言うことにも頷けます。勤務時間からも余暇からもできるだけ無駄な時間を減らし、生産的なこと、心から楽しめること、仕事に直接的にかかわらなくても修養的な学びとして価値があることに費やすことができれば、それは間違いなく人生の充実に繋がります。

多くの教員が時間を無駄にする傾向があります。どんな時間が無駄でどんな時間が充実に向かうのかさえ意識していないことが少なくありません。すべての時間を充実のベクトルに向けたいものです。

時間術

1 「勤務時間」の原則をしっかりと意識する
2 時間の限界性を意識する
3 全力投球せずに余裕をもつ
4 力量形成と力量発揮の構造を知る
5 大事を招かないための欠勤を怖れない
6 空き時間ができたら何かをする癖をつける
7 すきま時間を利用する
8 常に一週間後を細分化して意識する
9 一人になれる静かな場所を確保する
10 勤務時間外は自分にとって生産的なことに使う

1 「勤務時間」の原則をしっかりと意識する

公務には勤務時間があります。これをはっきりと意識しなくてはいけません。

例えば、僕の学校は勤務時間が8時20分から16時50分までです。16時から16時45分までは休憩時間です。本来、この休憩時間に会議が計画されるなどということは法的にあり得ないことです。労働基準法違反です。管理職も学校にいることを強制できない時間です。それが原則です。いわゆる教員の「働き方改革」では、部活動や残業時間ばかりが話題になりますが、本当はこの休憩時間に公然と会議が入り、休憩時間が保障されていないということこそが一番に問題とされるべきなのです。僕はそう考えています。

しかし、原則は原則。休憩時間だから会議はボイコット。いつも管理職に休憩時間を保障しろと悪態をつく。これでは「働き方改革」以前に周りに迷惑をかけてしまいます。そもそも、休憩時間を保障しないのは校長であるというよりも行政の問題です。まだまだ行政が教員の善意に甘えているわけです。

まずはこの原則と現実との乖離をしっかりと意識することが大切です。法的にはこうなっている。でも、スムーズな業務運営のこと、周りの人たちのこと、全体のことを考えて自分は譲っている。そういう日常を過ごしている。これをしっかりと意識するのです。

2 時間の限界性を意識する

「勤務時間」の原則をしっかりとしたうえで、まず第一に意識しなくてはならないのは、「勤務時間外」は公務の仕事をする時間ではないということです。僕の場合、どうしても勤務時間外を避けられない生徒指導や保護者対応でない限り、平日の16時50分以降と土日は公務をしないと決めています。部活動で土日に出なければならないとしても、どうせ出勤しているのだからとその後に公務をしようと考えない。つまり、この仕事は部活のついでに土曜日にしよう……とは絶対に考えないということです。

実は仕事を効率化するということは、やらなくてはいけない仕事それ自体にかかる仕事の短縮ではありません。1時間かかる仕事を効率化の努力で50分に短縮することは可能かもしれません。しかし、それを30分にまで短縮することは不可能です。そうではなく、時間の限界性をしっかりと意識して、勤務時間から無駄な時間を排し、しなければならない仕事のすべてを勤務時間内に仕上げることこそが「効率化」なのです。

退勤時間は16時50分であって17時ではありません。勤務時間の16時50分を「だいたい17時」と捉えてはなりません。10分をなめてはいけません。10分あればできることがたくさんあります。「効率化」とはこのように時間について厳しく考えることから始まります。

3 全力投球せずに余裕をもつ

あなたは日々の仕事にどのくらいの力を発揮しているでしょうか。常に全力投球でしょうか。それとも、手を抜くところは手を抜こうというほどほど主義でしょうか。

実は僕は三十歳を超えた頃から全力で仕事をすることをやめました。全力投球は百害あって一利無しと気づいたからです。全力投球では九イニングもちません。

教員人生は長いのです。常に全力投球でいると、結婚して自分の時間が思い通りに使えなくなったり、四十代になって体力が落ちてきたりしたときに、同じような仕事の仕方ができなくなったと悩むことになります。それは長い目で見たら効率的ではありません。

また、四十代を迎えた頃から学校運営の中核的な役割が与えられ、他人のフォローが仕事の何割かを占めるようになります。これから職員室には若い先生がたくさん入ってくる時代になりますし、子育てや家族の介護、心の病で心ならずも仕事を十全に行えないという先生方も増えていくことでしょう。自分が常に全力投球していると、全力投球できない同僚に批判的になってしまいます。自分がこれだけやってるのにあいつは何なのだ……ということになります。イライラしながら仕事をすることになります。それは他人に対しても、自分に対しても優しくなれなくなってしまうことを意味するのです。

4 力量形成と力量発揮の構造を知る

僕は基本的に六割主義で仕事をしています。六割程度の力を発揮することで日々の仕事にあたるのです。僕の言う「六割主義」はいわゆる「手抜き」、つまり四割程度は手を抜くということとは異なります。長い教員人生を展望してそう考えているのです。それは自らの力量形成の在り方と密接にかかわっています。

例えば、20の力量の教師の六割は12です。全力投球したところで20です。しかし、40の力量の教師の六割は24です。20の教師が全力投球してもまったくかないません。50の力量をもっていれば六割は30、80の力量をもっていれば六割は48です。だとしたら、六割主義で仕事をして、勤務時間外を研究や修養にあてて20の力量を40に高めることを考えた方が良いのではないか。これが僕の考え方です。常に全力投球していては、公務で疲れ切ってしまい、勤務時間外を休養にあてなくてはならなくなってしまいます。それは長い目で見たら効率的ではないのです。力量差に20と80なんて四倍もの差があり得るのか。若い読者の皆さんはそう感じられるかもしれません。しかし、それがあるのです。僕の経験から言って間違いありません。学び続ければ、あなたは十年後には間違いなく、いま見えていることの何十倍も見える世界が広がっています。そういうものなのです。

5 大事を招かないための欠勤を怖れない

若い頃、熱があるのに無理をして出勤して、結局、高熱で三日間寝込むことになったという経験があります。飼い犬が調子が悪そうなのに次の休みまで動物病院に連れて行かずにヘルニアが悪化、手術で入院、仕事を終えて毎日の動物病院通いを三週間したことがあります。母の調子が悪いと聞いてもすぐに病院に連れて行かずに、結局倒れて入院、その後数ヶ月にわたって見舞いの日々を送るという経験もしました。三例とも、その間は仕事になりませんでした。周りに迷惑もかけました。

どれもこれも、すぐに欠勤して病院に行ったり連れて行ったりすれば良かったのに、目の前の実はたいしたことのない仕事に気を取られ、後回しにしたことが災いして大事に至ってしまったという経験です。

日本人は休むことに異様に罪悪感を感じます。長い年月をかけて形成されてきた労働習慣が、持ちつ持たれつの文化が、「周りに迷惑をかけてはいけない」「この程度のことで休んではいけない」にさせるのです。しかし、自分の躰はもちろん、家族が健康であるということも、実は自分が仕事をするうえでの資本なのです。小さいことと無理をして大事に至る……これだけは避けなければなりません。

6 空き時間ができたら何かをする癖をつける

前にも述べましたが、1時間かかる文書作りを30分に短縮する魔法のような仕事術はこの世にはありません。すべての仕事は「限りある時間をいつ、どのように使うか」で効率化が図られるのです。これを勘違いしてはなりません。ちょっとした空き時間ができたらとにかく何かをする。この習慣をつけることが大切です。

実は仕事を終わらせるためのたった一つのコツは、「とにかく始めること」です。仕事の遅い人はあれこれ考えたり、あれこれ理屈をつけて、始めるのが遅いのです。なかなか始めないのです。しかし、人間というものは不思議なもので、始めてしまえばその仕事を終わらせたくなるものです。構想がなかろうがまだ未整理であろうが、とにかく始めてしまうのです。「空き時間ができたときに何かをする」とは言いますが、仕事が遅くなかなか始めない人は、その「何か」を見つけられません。とにかく始めて、途中になっている仕事が幾つかある状態であれば、「よし、30分あるからあれを仕上げちゃおう」「よし、今日の午後は割と時間があるからあの調べ物をしてしまおう」と思いつけるものなのです。

仕事を終わらせるコツは「始めること」。始めさえすれば、やるべきことが見え、やりたいことが見えてくるものなのです。

7 すきま時間を利用する

皆さんは授業と授業の合間の10分間に何をしているでしょうか。昼休みは何をしているでしょうか。生徒たちを帰した後、会議が始まるまでのちょっとした時間に何をしているでしょうか。勤務時間のうち、これらの時間をすべてあわせると1時間半くらいになります。この時間を無目的に過ごしてはいけません。

職員会議の提案文書を印刷する。僕の学校なら一枚につき45枚印刷することになっています。裏表印刷してもかかる時間は４分です。

保護者へのちょっとした電話連絡、業者への発注、外勤先への問い合わせや遅刻する旨の連絡、どれもこれも数分でしょう。

今日の会議で提案する案件の根回し。教務主任に話を事前に通しておきたい。何分かかるでしょう。これも多くは数分ではないでしょうか。むしろじっくり腰を落ち着けて時間がある状態よりも、相手も時間がないのでよく考えずに了解し、スムーズに根回しが進むかもしれません（笑）。

教師の仕事にはこうした「すきま仕事」がたくさんあります。「すきま仕事」は「すきま時間」にこそ終わらせてしまいましょう。

8 常に一週間後を細分化して意識する

文書作り系の仕事であろうとすきま仕事であろうと、今日すべき仕事を今日していたのでは、どうしても時間に追われることになります。「手帳術」でも述べましたが（七〇頁参照）、仕事というものは常に「流れ」で意識しなければなりません。

例えば、僕は今日、一週間後の個人調査書点検（高校入試に伴う内申書の点検作業）の仕事の流れを考えました。評定や出欠、行動評定や学習所見、総合所見を全職員で点検する作業です。僕は3年1組の調査書点検責任者です。僕はその他の機械的な点検は他の人に任せて、自分は総合所見を点検することに決めました。すると、勤務校には調査書の総合所見を記述するうえでどんなルールがあるかを確認しておく、という事前の仕事が把握されます。これを調査書点検の時間に見比べながらやっていたのでは非効率です。そこで、手帳の「To Doリスト」の「所見ルール確認」という仕事を加えました。あとは当日までにすきま時間を見つけて、ルール確認をしておけば良いだけです。調査書点検には1時間半の時間があてられていますが、おそらく僕らの点検は45分程度で終わるでしょう。

このように、一週間後の仕事を細分化して把握する——これが公務上の仕事の効率化を図り、時間を節約するためのコツなのです。

9 一人になれる静かな場所を確保する

仕事には集中して取り組まなければならない、だれに中断されることもないある程度の連続した時間を必要とする仕事があります。例えば、研究関係の文書を作るとか、ある提案をするために学習指導要領の解説や審議会の議事録を読むとか、或いは研究紀要の原稿を書くなんていう場合には、途中で声をかけられたり電話対応をしなくてならないなどということのない状態に身を置きたいものです。こうした仕事をする場合には、明らかに職員室は不向きです。次々に声をかけられたり、自分も加わりたくなるような面白そうな談笑が聞こえてきたり……。

僕はこうした仕事をする場合、現在の勤務校では学年室（学年教師用に設けられている学年職員室のような普通教室）に籠もることにしています。長期休業中ならコンピュータ室（夏は冷房完備で快適です・笑）です。放課後の学年室も、長期休業中のコンピュータ室も、ほとんどだれも入ってきません。集中して仕事に取り組めます。小学校の先生であれば、ほとんどの場合、こういう場所は自分の教室になるでしょう。

自宅では食事や入浴以外はほとんど自室に籠もって何かをやっています。僕の書斎には妻さえ出入禁止です。まあ、善し悪しは別にして……（笑）。

10 勤務時間外は自分にとって生産的なことに使う

これだけ効率的に仕事をしていると、勤務時間が余ることも珍しくありません。僕は会議のない放課後には、16時から16時45分までは原稿を書いたりネットサーフィンをしたりFBを見たりしています。車で校外に出てしまい、私的な用事を済ますことさえ珍しくありません。もちろん管理職には一声かけますが、セミナーの会場費の支払いとか、必要な文房具を買いに行くとか、そんな用事を勤務時間内に済ませてしまうわけです。もちろん仕事があれば仕事をしますし、職員室で同僚と談笑することもありますが、基本的には休憩時間は自分のために使います。これは「時間術1」でも述べましたが、法的に認められた正当な権利なのです。だれに遠慮する必要もありません。

此度の「働き方改革」の要諦は、労働を「時間」で計算することです。自分の時間を労働時間として売ることによって収入を得る、そういう労働観を前提としています。時間は自分のものなのです。勤務時間内は売り渡した時間ですからできるだけ職場にとって生産的に、自分のものである勤務時間外はできるだけ自分にとって生産的に、これが「時間術」の最大の原理であり原則なのです。自分にとって生産的な時間の使い方は自分の力量を高めます。結果的に職場にも貢献することになるのです。

構想術——飽くなき追究の過程に身を置く

　仕事には公務にしても公務外の仕事にしても「構想力」が必要です。職員会議の提案でも、学級経営や学年経営、生徒指導でも、また、僕の場合なら研究会やセミナーの開催でも、すべては「構想力」でその善し悪しが決まります。「構想力がある」ということは、どこまで長期的な見通しをもつことができるかで決まります。つまり、遠くを見ている人ほど「構想力」が高くなるわけです。

　また、どれだけ広い範囲まで想定できているか、どこまで広い範囲に配慮がなされているか、そうした「広さ」もまた「構想力」にとって大切です。どんなに良い構想も賛同者が少なかっ

たり、その提案で苦しむ人が現れてしまったりするのでは、その良さは独り善がりと言われて然るべきです。「良き構想」とはできるだけ多くの人に認められ、できるだけ多くの人に喜ばれてこそ「良き構想」なのです。

しかも構想の深さや広さには限界がありません。長期的な見通しがどこまで長期的に把握できるのかにも限界はありませんし、新しいものを開発したと言ってもその新しさは開発されたその瞬間に過去になります。

広い、深い、長い、新しい……いかなる形容にも限界はないのです。実は自らを飽くなき追究の過程に位置づけること、それが「構想」の本質なのかもしれません。

構想術

1　年間行事予定で次年度をゆる～くイメージする
2　年間行事予定が動いた理由を把握する
3　「短期的な善」よりも「長期的な善」を優先する
4　職員室の一人ひとりの先生方の情報を集める
5　職員室だけでなく保護者にも目を向ける
6　自分自身の教師としての傾向を把握する
7　提案を控える勇気をもつ
8　「やめること」も提案である
9　他人の得意技を利用する
10　「もっと高いところはないか」と常に考える

1 年間行事予定で次年度をゆる〜くイメージする

おそらく、どの学校でも教務主任は冬休みに次年度行事予定を作ることが多いと思います。それは一月の職員会議に「暫定版」として提示されます。暫定版にはこれから日程が動き得る行事ともう絶対に動かないであろう行事とがあります。例えば僕は中学校教員ですから中学校の例になりますが、修学旅行や始業式・終業式、陸上競技大会などの校外でやる行事、学校祭や合唱コンクール、ＰＴＡ行事などは動きづらいものです。これらは学校だけで勝手に日程を決められるものではなく、旅行先の予約や陸上競技場の予約、ＰＴＡ役員との打ち合わせ等が既に済んでしまっています。これらの日程を動かすとなると教務主任としては大仕事です。しかし、校内だけで日程を決められる行事であれば、それほど困難なく動かせます。従って場合によっては動き得る行事になるわけです。

これを僕は一月の職員会議中に手帳にメモしてしまいます。そしてその後三月いっぱいまで、どの時期に何をしようかなあ……とゆったりと考え続けます。来年の合唱コンクールはどの曲にしようかなあとか、来年の学校祭はどんなことやろうかなあなど、あれこれゆる〜くイメージしてみるのです。この時間は貴重です。二月、三月と職員会議で年間行事が固まっていくと次第に来年度一年間の具体的な像が結び始めます。

2 年間行事予定が動いた理由を把握する

二月の職員会議で新しい年間行事予定が提案されたら、一月に提案されたものと見比べてみます。どの日程がどのように移動しているかを確かめます。そしてそれらについて、教務主任に「どうして移動したんですか？」と訊いてみるのです。にこやかに教えてくれます。教務主任としては自分がこの一ヶ月で苦労して修正した仕事です。だれかに聞いて欲しい、話したいという欲求があるものです。いろんな情報を得られます。

職員会議の予定が動くのは多くの場合、校長の予定が固まったことで起こります。校長不在時に職員会議をやりたがる校長はあまりいませんから、校長は職員会議を自分が在校時に行おうとするものです。大きな行事が動いている場合には、自分の知らない情報が入ることが少なくありません。実は次年度、この時期に県のＰＴＡ大会が開催されるとか、ある教科の研究の全国大会が開かれるとか、そうした事情で動いているのです。なかには三年後の周年行事の事前準備のために日程が動いたなどという、かなり長期的な話が出てくることさえあります。こうした情報が次年度の自分の仕事にどのような影響を与えるか、それをあれこれ考えてみるわけです。

もちろん三月にも、正式決定する四月上旬にも同じことをします。

3 「短期的な善」よりも「長期的な善」を優先する

短期的な善が長期的には悪となる。短期的な悪が長期的には善となる。世の中にはそうしたことがいっぱいあります。

いまこの生徒指導事案に厳しくあたらないことはいまこの瞬間を安定させます。しかし、それが長期的に見たときにその子にとってプラスになるかどうかは、また別の話です。その長期的な安定のためにいまこの瞬間の不安定を選択する人は、長期的な見通しをもたずにこの瞬間の安定を選択した人よりも「構想力」があると言えます。長期的な善には思いが及ばず、短期的な善のために仕事をしてしまって後で後悔する……教師生活の前半はそんなことばかりが続きます。

しかし、長期的な善の選択は多くの場合、短期的な悪、つまり現在の「安定」や現在の「善」に制約を与えます。多くの場合、「いまこの瞬間」が忙しくなります。例えば、「いま、今年のうちに道徳授業の在り方を本気で考えておかなければ、次年度はもっともっと混乱することになる……」、これを考えなかった教務担当者、道徳担当者は間違いなくいないはずです。年間行事予定の動きを細かく確認し、その理由を把握することは、長期的な善のためにそれぞれの仕事にどう優先順位をつけるかの訓練になるのです。

4 職員室の一人ひとりの先生方の情報を集める

教師ならだれもが校務分掌上の仕事を充実させたいと願います。学校行事も充実させたいと思います。だから一所懸命に自分が提案すべき職員会議提案で改革しようと提案します。意欲のある教師ほど改革をしたがります。しかし、そうした教師は多くの場合、改革したいその提案の充実、改革したいその行事の充実だけにしか目が向いていません。

その提案は間違いなく、職員室の先生方を忙しくします。これまでとは違うことをやるわけですから戸惑いも生まれます。その時期、先生方がどのような状況にあるのかということがイメージできているでしょうか。ある先生は部活の大会に向けて徹底的に生徒を鍛え上げなくちゃと考えている時期かもしれません。ある先生は自分の教科の研究大会のために忙しくしている時期かもしれません。ある先生はその時期に母親の手術がある時期かもしれないのです。あなたの提案はそうしたさまざまな事情をもつ先生方に配慮された提案になっているでしょうか。提案の「構想力」とは実はこういうことでもあるのです。

職員室はチームです。一人でできる仕事なんてほとんどありません。実は提案とは、一緒に仕事をする一人ひとりの状況と不可分のものなのです。「構想力」は「配慮力」と不可分なのです。職員室の一人ひとりの情報、人間関係と不可分でもあるのです。

5 職員室だけでなく保護者にも目を向ける

職員会議提案において、「構想力」と「配慮力」とが密接不可分の関係であるのは、なにも先生方ばかりではありません。保護者だってその配慮の対象なのです。

職員会議の提案には、保護者になにかを求める提案が多いものです。配慮のなかで最も大切なのは、保護者にできるだけ余裕をもたせたうえで日程的な情報を伝えることです。例えば、あなたの学校では保護者の個人懇談の希望を求める文書が当日のどのくらい前に出ているでしょうか。二、三週間前ということはありませんか。現在は共働きの家庭が多く、母親もパートに出ているということが圧倒的に多くなっています。パートにはシフトがあって、そのシフトはたいてい一ヶ月以上前に決まります。懇談日程の希望をとるのが二、三週間前では明らかに遅いのです。

四月に決まった学級ＰＴＡの役員。決まった後、あなたはその保護者とどのくらいコミュニケーションを取っているでしょうか。お金も出ない、時間だけが奪われる、そんな完全ボランティアのＰＴＡ役員を心ならずも引き受けてくれたのです。「決めて終わり…」ではあまりにも失礼なのではないでしょうか。「なにか困っていませんか？」「なにかお手伝いすることはありませんか？」と常日頃から声をかけるのが配慮というものでしょう。

6 自分自身の教師としての傾向を把握する

配慮が必要なのはもちろん職員室や保護者だけではありません。なにより配慮が必要なのは生徒たちです。例えば、あなたの学級経営方針は自分の考え、自分の好みだけを優先して、その方針には馴染まない子どもたちへの配慮に欠けていないでしょうか。朝学活で順番にスピーチをすると決めるとき、人前に出るのにものすごくプレッシャーを感じる生徒たちへの配慮の方法が一緒に構想されているでしょうか。何事もちゃんと計画通りに実行できる学級にしたいと考えるとき、どうしてもそれができないという多動系の生徒たちへの配慮が練られているでしょうか。

実は担任教師には「パワー系」と「きちん系」とがいます。前者は楽しいことが大好きで、何事も前向きにやり遂げることを重視し、細かいことを気にしません。後者は安定を好み、何事もきちんとしっかりやり遂げることを生徒たちに求めます。おおまかに言えば、「パワー系」の方針は自閉傾向の生徒たちに馴染みませんし、「きちん系」の方針は多動傾向の生徒たちに馴染みません。こうした自分では気づかない自分の傾向をしっかりと認識することが必要です。これを僕は「自己キャラクター分析」と呼んでいます。自分の特性に鑑み、なにかを提案するときは「配慮」とともに立案する構えをもちたいものです。

7 提案を控える勇気をもつ

「短期的な善と長期的な善」について前に書きました。この「構想力」と「配慮力」の関係は、実はこの「短期的な善と長期的な善」と密接に結びついています。行事の提案や学級経営の方針決めは、短期的な取り組みとしては間違いなく「善」です。しかし、それが中長期的に見たとき、ある子がプレッシャーを感じて不登校に陥ってしまうとか、特別な支援を要する子がついてこられないとか、保護者や先生方との人間関係がぎくしゃくするようになってしまうのでは、「長期的な悪」に陥ってしまいます。なにかを提案する、なにかを決めるということは、それにかかわる人たちの特性や動向に配慮しながら、ネガティヴ事案があるときには、どんな良い方法でも提案を控えることまで視野に入れて検討する必要があるのです。

この構えを教師はなかなかもつことができません。良い思いつきはなんとか実現したい、その方向一辺倒で進みがちです。教師はある意味、生徒や保護者にとっては権力者ですから、たいていの提案は通ってしまいます。職員室の提案も管理職や各主任が賛同すればたいていのものは通せます。しかし、だからこそ、「配慮が足りない」と感じたら提案を控える勇気をもつべきなのです。

8 「やめること」も提案である

現在の学校には新たな課題が山積しています。教育改革が大きく動こうとしている時期ですから、当然と言えば当然です。しかし、課題が山積していたのはいまに始まったことではないのです。おそらく学校教育が始まって以来、百年以上いつも学校の課題は山積みだったのです。その結果、学校は既に形骸化してしまった行事、形骸化してしまった仕事もまた山積しているという変な状況に陥っています。一つ新しいことを提案するときにはなにか形骸化していることをやめることも同時に提案してみる。この構えをもつことが必要な時期に入っている。僕はそう考えています。

例えば、「開かれた学校」が目指されていた頃にできた地域行事がたくさんあります。総合的な学習の時間が盛んに議論されていた頃にできた、生徒たちの毎回の総合学習の記録が形骸化しているなんてこともよくあります。当時は良かれと思ってできたものですが、いまはほとんど機能していない。そんなことはできるだけやめてしまうべきなのです。教師にも生徒にも負担になるだけです。自分の勤務校でそうした形骸化したもの・ことを探してみてはいかがでしょうか。ただし、「やめること」は「新しくつくること」よりもずっと難しいものです。それなりの覚悟が必要であることは申し上げておきます。

9 他人の得意技を利用する

若い頃、僕は長く演劇部の顧問をしていました。脚本を書くのも得意ですし、生徒たちに演技指導をするのも得意です。演出も得意ですし、衣装や舞台装置の製作もそれなりにできます。音楽もよく聴きますから、どのような場面にどんな音楽が合うか、音響がどんな効果をもたらすかも割と理解しています。しかし、反面、僕は機械音痴で、ＰＣのワープロ機能を身につけるのにもずいぶんと時間がかかりましたし、ビデオ編集ソフトをいじれるようになってからもまだ十年経ちません。

そんな僕がいまでは年に何十本ものビデオを編集するようになっています。きっかけは十年ほど前に工藤先生というＰＣにものすごく詳しい先生と一緒にビデオ編集を中心とした行事運営をしたことに端を発しています。僕は当時、いつも工藤先生の作るビデオを見て、もっと演劇技術を駆使すればいいのに……と感じていました。ある年、工藤先生と同じ学年になったので、僕の演劇の演出技術と工藤先生のビデオ編集の技術をコラボさせて学校祭のステージを運営したのです。どちらの良さも発揮され、教師も生徒も保護者も大満足の学校祭になりました。

以来、僕は職場で、それぞれの得意技をコラボする企画に熱心になっています。

10 「もっと高いところはないか」と常に考える

「長期的な善」を求める視点には限界がありません。しかし、人間の視野には限界があります。もちろん、自分の視野にも限界があるのです。

いま「短期的な善」を捨てて「長期的な善」を選んだとしても、その後、その「長期的な善」はもっと長期的に見たときには「悪」になっていることに気づく……そんなことがよくあります。長期的には「悪」になると思って捨てた事柄が、もっと長期的には「善」だったということもあり得るでしょう。要するに、「長期的に見通しを立てる視点」には限界がないということです。

いろいろな行事を経験する。年間行事予定を見て次年度を構想する。いろんな人たちに配慮しながら広く考えてみる。他の人とコラボして新しいものを生み出してみる。どれもこれも長い目で見たら「短期的な善」に堕していきます。諸行無常……。そのときはどんなに深いと感じても、どんなに広いと感じても、どんなに新しいと感じても、すぐに浅く狭く古い物になる。それが世の常なのです。

もっと深い境地はないか、より広い境地はないか、更に新しいものを生み出せないか、「構想」とは新たな高みを追い求める姿勢そのものなのかもしれません。

発想術――何より「世界観を広げる」ことを優先する

人はバイアスから逃れることが決してできません。何か良いアイディアはないかと右往左往したり、こうだと思い込んで大きな失敗をしてしまったり、必要以上にネガティヴに考えて落ち込んだり、そうしたことの連続です。人にはそれぞれ思考の傾向があるからです。その結果、右往左往する人は幾つになっても右往左往し続けます。思い込みの激しい人は思い込みの激しさを原因とする失敗を繰り返します。ネガティヴ思考に陥る傾向をもつ人は、ちょっとした失敗もミスも必要以上に大きなことと捉えてしまい、絶望に陥ります。

しかし、そのままでは仕事に支障を来すので

す。人は視野を広げなくてはなりません。自分とは異なった考え方があることを理解しなくてはなりません。世の中は自分には「見えていないこと」だらけであることを腹の底から実感しなくてはなりません。その方が人生が豊かになり、仕事にも良いサイクルが生まれるようになるのです。

仕事への取り組み方において、自分に「見えていないもの」を見えるようにしてみる。そうすることで自分の視野を広げてみる。そんな「自分の世界観を広げる」ための思考法を紹介していきます。

なお、詳細は拙著『よくわかる学校現場の教育原理』（明治図書）をご参照いただければ幸いです。

発想術

1 「HOW」から「WHY」へと転換する
2 「WHY」だけが潜在を顕在化させる問いである
3 強引にでも「なぜ」と問うてみる
4 仕事には「前向きの仕事」と「後ろ向きの仕事」がある
5 「邪悪肯定論」の補助線を引く
6 「邪悪肯定論」が「思考の枠組み」を広げる
7 「善良否定論」の補助線を引く
8 「後ろ向きの仕事」を「前向きの仕事」に変える
9 「明後日の思想」で考える
10 「もっと遠くへ，もっと遠くへ」と考える

1 「ＨＯＷ」から「ＷＨＹ」へと転換する

どうしたらこの子が漢字を書けるようになるか。子どもたちを集中させるのに何か良い手立てはないか。この子の多動はどうしたら直るのだろう……。教師の頭にはいつも「ＨＯＷ」の問いが浮かびます。周りから何かアイディアを聞いて、或いは自分でアイディアを思いついて試してはみるのですが、多くはうまくいきません。少なくとも満足の行く結果は出ません。さて、それはなぜなのでしょうか。

ある子が漢字を苦手にしている。自分の学級に集中力が足りない。ある子の多動傾向が顕著である。これらは実は具体的な「個別事情」です。決して、漢字のできない子一般や、集中できない集団一般ではなく、その子なりの漢字のできなさやその学級なりの集中力の欠如があるのです。そこに「どうすれば良いか」「何か良い手立てはないか」と外から一般的なアイディアをもってきても、どうしてもその子、その学級の「個別事情」と齟齬を来してしまうのです。

教師はまず、「なぜ、この子は漢字が苦手なのか」「この学級の生徒たちが集中できない理由は何か」と、その個別事情の理由を問うべきです。教師は常に「ＨＯＷ」の問いではなく、「ＷＨＹ」の問いからスタートすべきなのです。

2 「WHY」だけが潜在を顕在化させる問いである

疑問詞に5W1Hがあります。言うまでもなく、「いつ」「どこで」「だれが」「何を」「なぜ」「どのように」を指します。

これら六つの疑問詞のなかで、「WHY」だけが他の五つと質の違う問いです。他の五つがすべて「見えるもの」を問うているのに対し、「WHY」だけが「見えないもの」を問うているのです。「いつ」「どこで」「だれが」「何を」「どのように」が現象として行われていること、即ち「事実」を問うているのに対し、「WHY」だけがそれらの事実の裏側にあるもの、即ち「背景」を問うているのです。

どんな事象・現象にもその裏にある「個別事情」、即ち「背景」があります。漢字を苦手とする子には漢字が苦手となるその子なりの背景が、多動傾向の子には多動となるその子なりの背景があります。決して漢字を苦手とする子の漢字が苦手な理由は一律ではないし、多動傾向の子の多動の理由や特徴も決して一律ではない、個別のものなのです。「HOW」という問いは、教師の視点を一般的な「技術」に向けさせます。これに対し「WHY」という問いは、その子やその集団の個別的な事情や背景に目を向けさせます。「WHY」だけが潜在的な個別事情を顕在化させようとするベクトルをもつ問いなのです。

3 強引にでも「なぜ」と問うてみる

来週から新しい教材の授業が始まるというとき、教師は「この教材、どうやって授業しようか」と考えます。例えば、来週から「ごんぎつね」の授業が始まるとしたら、「ごんぎつね……、どうやって授業しようか」と問うわけです。その結果、多くの教師は指導書を開きます。指導書には「どうやって授業すべきか」が載っています。でも、どうも納得がいかない。授業が成立する気がしない。授業が盛り上がるイメージがもてない。「何か良い工夫はないか」と、また「ＨＯＷ」の問いへと向かっていきます。そして多くの教師が目の前の具体的な子どもたちを置き去りにして、「ごんぎつね」の楽しい授業方法一般を探し始めるのです。悪循環という他ありません。

ここは強引にでも、「なぜ、『ごんぎつね』は教科書に載っているのか」と考えてみるべきなのです。或いは、「なぜ、子どもたちは『ごんぎつね』を読む必要性があるのか」と問うてみるべきなのです。こう考えれば、目の前の具体的な子どもたちに「ごんぎつね」を通してどのような変化を求めるのかという具体像に繋がっていきます。或いは「なぜ、『ごんぎつね』は四年生で勉強すべきなのか。五年生の『大造じいさんとガン』との違いは何か」と思考が発展していく可能性もあります。「なぜ、『ごんぎつね』の指導時期が一年のうちのこの時期なのか」という問題意識も生まれるかもしれません。「なぜ」という問いが潜在化していたものを顕在化させ、思考に発展性をもたらすのです。しかもその発展性は他人の提案したものをなぞるのではなく、あくまで自分の頭で考えた「自分自身の発展性」です。自分のなかで「ごんぎつね」という教材が躍動し始めます。それが自分に「ごんぎつね」に対する思い入れを創り出し、授業にも勢いが生まれるはずです。

「なぜ、通分を勉強しなければならないのか」と問えば、日常生活で「通分」が必要とされる場面が浮かんできます。そうすればそのような場面を題材とした授業が生まれます。要するに「教材開発」がなされるわけです。「通分」を使う日常場面が想定されれば、レディネスとして必要とされる「分数の足し算・引き算」を使う日常場面にも思いが至ります。授業の導入のレディネス確認はいつも簡単な小テストで行っていたのを、「今回は日常場面を教材化してやってみよう」といった発想に至ることもあるかもしれません。新たな教材開発です。授業構想が豊かになっていきます。次第に「レディネス確認と本時指導事項の日常場面の具体例にどのような差をつけようか」という指導の系統性にまで発想は広がります。こうなると、もうこれは「研究」の領域です。

強引にでも「なぜ」と問うてみることによって、自分の世界は広がり、思い入れがもてるようになり、授業に勢いまで生まれてくるのです。

4 仕事には「前向きの仕事」と「後ろ向きの仕事」がある

仕事には「前向きな仕事」と「後ろ向きな仕事」とがあります。

現在、「道徳の教科化」や「主体的・対話的で深い学び」の授業づくり、小学校の「英語活動」といった時代の新しい教育に学校は大忙しです。これらは「前向きな仕事」の代表でしょう。これまでなかった新しいものを創り出そうという動きだからです。これに対し、「いじめ対応」「不登校対応」「アレルギー対応」「クレーム対応」などは「後ろ向きな仕事」の代表格です。これらは何かを創り出そうという仕事ではなく、何かをなくそうという動きだからです。つまり、前者はポジティヴなことを創り出そうというタイプの仕事、後者はいじめ・不登校・アレルギー事故・保護者クレームなど、ネガティヴな事案をなくしてゼロにしようというタイプの仕事であるわけです。「これまでなかったもの」を創り出すことよりも、「これまであったもの」をなくすことの方がはるかに難しいものです。ミスをゼロにしたり、事故をゼロにしたりすることがほぼ不可能であるように。

人間は「前向きな仕事」には意欲的になれますが、「後ろ向きな仕事」にはなかなか積極的になれないものです。当然ですね。プラスαをつくる仕事ではなく、ゼロにしようとする仕事ですから。まずは両者の違いを意識することが大切です。

5 「邪悪肯定論」の補助線を引く

学校で「後ろ向きな仕事」の代表と言えば、なんと言っても「いじめ対応」でしょう。いじめはない方がいい。いじめをゼロにしたい。当然のことです。しかし、いじめゼロということが仮に実現したとしても、そのこと自体には何の意味もありません。それはマイナスがゼロになることを意味するだけです。決してプラスの何か、新しい何かが産み出されるわけではありません。

人間の目はマイナス事象に向きます。そのマイナスをなくそうとも考えます。それは仕方のない人間の性（さが）です。しかし、教師たる者、どうせ某かの努力をするのならば、プラスを産み出したいとは思わないでしょうか。

基本的にゼロ運動、撲滅運動が起こるのは、その事象のマイナス面が大きいからです。その事象が忌み嫌われる「邪悪なもの」だからです。だからこそ、その撲滅が望まれるわけです。しかし、その「邪悪なもの」はなぜ世の中に存在するのでしょうか。学校教育全体、社会全体としては確かに忌み嫌われるのかもしれませんが、そのマイナス事象を望んでいる者もいる、必要としている者もいるのではないか。だからこそ、その事象は存在するのではないか。一度、そんなふうに思考してみるのです。

6 「邪悪肯定論」が「思考の枠組み」を広げる

例えば、一度、いじめを肯定的に考えてみます。本気でいじめを肯定したいのではありません。ためしに肯定してみるのです。現実的に有効な対応を編み出すためには何が必要かという「思考の枠組み」を広くとってみるためです。

まず、いじめがいじめる側にとって心の中のモヤモヤやイライラを昇華させる、ある種の〈カタルシス機能〉をもっていると肯定的に仮定してみます。一般に、多くのいじめ事案自体は「徹底した事実確認」と「適切な指導」によって解決できますが、もしも解決されたとしても、いじめた側のモヤモヤやイライラの行き場はどうなるのでしょう。それらはただ、行き場なく陰に籠もるしかないのではないか。もしかしたらいじめ指導は、そのいじめ事案が解決すれば終わりとするのではなく、教師が同時に、いじめる側のカタルシスの行き場にも配慮しなければならないものなのではないか。一度、「いじめ肯定論」を措定してみるだけで、こうした発想が生まれてくるのです。

いじめられる側をも考えてみましょう。社会にはいじめ、ハラスメントがはびこっている。上級学校に進めば、或いは社会に出れば、年長者からさまざまな指導を受け、さまざまに落ち込む場合があり得る。今回、いじめ被害者として教師にフォローされた生徒は、いまはいじめの解決に安心している。だが、その子は将来、上級学校や社会に出てからそうした事案に自力で対処していけるのだろうか……。こんな発想も浮かんできます。とすれば、教師は今回のいじめが解決したから良しとするのではなく、辛い思いをしたのだからとその子をフォローするだけではなく、将来この子がたくましく生きていけるようにとこの子を「強くする指導」にも目を向けるべきではないのか。一度、「いじめ肯定論」を措定してみるだけで、こうした発想も生まれてくるのです。

もちろん、教師がこうした発想でものを考えていることは、生徒にも保護者にも言ってはいけません。口にしたらクレームを受ける程度では済まないでしょう。ただ一度こうした枠組みで考えてみることによって、いじめ指導の在り方が、そのいじめ事案を解決することのみに止まらず、いじめた側のバイタリティの行き先を用意すること、いじめられた側を強くする指導を用意することと、三つをセットで考えられるようになるのです。とすれば、この「思考の枠組み」はとても有効なのだと言えないでしょうか。

前項でも述べたように、僕は一度こうした「邪悪なもの」の肯定論を想定して、自らに〈見えていないもの〉を潜在化させようとする思考の営みを「〈邪悪肯定論〉の補助線を引く」という言い方をしています。こうした思考枠組みをもつことが、いま目の前の現象ばかりに縛られがちな教師の視野を大きく広げてくれるのです。

7 「善良否定論」の補助線を引く

逆に、学校には無条件に「良きこと」として認識されている概念・観念もたくさんあります。「思いやり」「協調性」「まじめ」「みんなは一人のために、一人はみんなのために」「学力向上」……などなど、数え上げたらキリがありません。しかし、これにも一度、否定論を措定してみるのです。要するに、これらの一つ一つに「負の側面」がないかと考えてみるわけです。すると、「思いやり」の肯定の裏には常に「おせっかい」と「押しつけ」がありがちであること、「協調性」という名を借りて人を押しつぶすほどの「同調圧力」の可能性が見えてくるはずです。「学力向上」など、ちゃんと考えれば「そもそも学力とは何なのか」という問題に突き当たります。その多くが試験学力の結果として計られる現実にも当然のように疑問が生まれてきます。全国学テの競争に与するのではなく、もう少し広い視野で考えられないか、或いは全国学テの結果を高めつつ、コンピテンシーベースの学力をも向上させる、そうした一石二鳥の手立てはないか、といった一段高い視座に立つ発想も出てくるでしょう。

「補助線的思考」を身につけることは、自分の視線を目の前の事象のみに向かわせる悪弊を越えて、実は自らの世界観を広げてくれるのです。

8 「後ろ向きの仕事」を「前向きの仕事」に変える

「いじめをなくそう」「いじめ事案を解決しよう」という発想が、いつの間にか「いじめを減らす」「加害生徒たちのストレスを昇華させる」「被害生徒を強くする」の二つの目的の同時達成を考えるようになった。「思いやりをもとう」「協調性が大事」とスローガンを伝えるだけだった指導の在り方が、いつの間にか「押しつけない思いやりとは」「協調性と同調圧力とはどう異なるのか」と考えるようになり、生徒たちが同調圧力と感じないように主体的に「協調性」を発揮したいと考えるような手立てがないかと模索し始めた。こうなると既に、学校にプラスαをもたらすための一大プロジェクトと化しています。

前にも述べたように、「補助線的思考」は「思考の枠組み」を広げるための発想法です。「思考の枠組みが広がる」とは、これまで見えなかったことが見えるようになることを意味します。これまで気がつかなかったこと、見落としていたことの多くは自分だけに見えなかったわけではありません。多くの場合、周りの人たちにも見えていないのです。新たな問題点に気づくということは、複数の問題点を同時解決しようという発想につながります。そしてそれは、まず間違いなくプラスαを創り出す仕事、つまり「前向きな仕事」へと質的に転換するものなのです。

9 「明後日の思想」で考える

若い人が仕事がうまく行かなくて落ち込んでいるとき、僕がよく話して聞かせることがあります。それは「明後日（あさって）の思想」というもので、簡単に言えば「未来志向で現在のネガティヴ事案を捉える」という発想法の話です。

人は苦しいとき、「いまこの瞬間」に縛り付けられます。保護者クレームに悩んでいるとき、逃げることばかりを考え、この窮地を乗り切った後のことを考えることができません。それは歯が痛い夜に歯の痛みのことばかりが気になり、明日歯医者に行って痛みから解放されたときのことを考えられないのと同じです。苦しみや痛みは人を「いま」に縛り付けるのです。

「明後日の思想」はいまこの瞬間の痛みや今日の苦しみを、将来の自分はどう振り返っているだろうかと考える営みを意味しています。もしかしたら、五年後の自分は「ああ、あの執拗な保護者クレームがあったからこそ、いまの自分がある」と感じているかもしれません。十年後の自分は「ああ、あの年の学級崩壊の経験があったからこそ、いま自分は学級経営の丁寧さを身につけることができた」と感じているかもしれない。「今日のこと」「明日のこと」ではなく、「明後日のこと」を考えてみる、そうした発想法です。

10 「もっと遠くへ、もっと遠くへ」と考える

前項「構想術」において「遠くを見ること」の大切さを繰り返し強調しました。実はネガティヴな事案に遭遇したときにも同様のことが言えます。人は痛みや苦しみ、哀しみを経験することなく生きるのは不可能です。しかし、視線を未来に向けることによって、未来の少し遠くに向けることによって、もう少しだけ頑張れるようになるのです。

実はこれまでだって苦しみや哀しみはたくさん経験してきたのです。あの子にフラれたとき、おばあちゃんが亡くなったとき、志望校へ不合格だったとき、確かに世界は絶望的に見えました。でもいまはちゃんと、それを乗り越えているではありませんか。それらの経験があってこそ現在の彼女と出逢えていたり、人とはいつか別れが来るのだからと人を大切にしたりしているのではないでしょうか。第一志望に落ちた結果として行った大学は、いまとなっては行って良かったと言える大学になっていないでしょうか。高校時代のちょっとした失敗などは、いまはもう笑い話にさえできているのではありませんか？

いまのこの痛みも同じなのです。この痛みの経験をプラスに転化させる日がそう遠くない日に訪れるのです。この痛みの経験を笑い話にできる日さえきっと来るのです。遠くを見ることは、「いまこの瞬間」を頑張るための発想法の一つでもあるのです。

遂行術——常に戦略的に自分のペースで進めていく

「構想術」において、長期展望と配慮の大切さを説きました。その要諦は、改革を目指すのであれば、そうした深さと広さをもった提案でないとなかなか職員会議は通らないというものでした。

しかし、「改革」というものは提案を通すことがゴールではありません。それを確実に実現しなければ「口だけの人」と揶揄されることになります。昔から旗揚げだけは勇ましいというタイプは、次第に相手にされなくなっていくものです。

さて、仕事を確実に遂行し実現していくには、まず自分一人でできることと自分だけではでき

ないことを頭の中でしっかりと仕分けできなくてはなりません。しかも、周りの人たちに先んじて取り組んだり、周りの人たちと進捗状況を確実に共有しながら進めたりすることによって、できるだけ自分のペースで、機能的に、効率的に進めることが必要となります。どうしたら自分のペースに周りを巻き込むことができるのか、意識的に進めていく必要もあります。

周りの人たちが困らないように配慮しながら自分ペースに巻き込んでいく。それぞれの得意分野を生かしながら、各々に意気に感じてもらう。自分の不得手なことは周りに甘える。こうしたことを意識しながら、意図的・計画的に、いわば「戦略的」に取り組む必要があるのです。

遂行術

1　「見えていること」が細かな仕事を確実に遂行させる
2　現在の自分の遂行状況を確実に把握する
3　週のはじめに頑張る
4　遂行の要は「相互作用」であると心得る
5　チューニングを合わせる
6　ブリーフィング・マネジメントを心がける
7　自分にできないことができる人と仲間になる
8　甘え・甘えられる人間関係をたくさんつくる
9　人を集めてやる仕事については事前に予告しておく
10　一人でできることは一人でどんどん進める

1 「見えていること」が細かな仕事を確実に遂行させる

教師の仕事には細かな仕事がたくさんあります。一つ一つは小さな仕事ですが、溜めると厄介。そんな仕事が一日に十も二十もあります。出勤簿を押す、出席簿をつける、欠席生徒に連絡する、業者に発注の電話をする、保護者への案内文書を作る……どれもこれも小さな小さな仕事です。しかし、溜めれば溜めるほど気が重くなる、そんな仕事たちです。どれもこれもできるだけ早めに、的確に処理することが求められます。

「手帳術」「時間術」でさんざん強調したことですが、これらの細かな仕事はすきま時間を利用して確実にこなしていくことが必要です。キーポイントは二つです。一つは、できるだけ細かく「To Do リスト」が作られていること。もう一つは、3分、5分というすきま時間を「仕事時間」と意識し、その短い時間でやれることに確実に取り組んでいくことです。この二つが「効率化」の要諦であると言っても過言ではありません。

「To Do リスト」が細かく作れることも、この時間ならこの仕事ができると判断できることも、実はそれぞれの仕事の質が「見えていること」が必要です。一つの仕事をどれだけ細分化して捉えられるか、短い時間をどれだけ単位として捉えられるか、細かい仕事の遂行力はすべてがそこに凝縮されているのです。

2 現在の自分の遂行状況を確実に把握する

「手帳術」において、細かな「To Doリスト」を作って確実に「済印」を押していくことを強調しました。これは自分の仕事を確実に仕上げていく、こなしていくことが目的のように思われるかもしれません。しかし、「To Doリスト」と「済印」の効果は、そのことが主ではないのです。もしもそれだけが目的なのだとしたら、付箋に書いてPCに貼るとか、裏紙に列挙して仕上げたものから二重線で消していくでもまったく構いません。

あくまで手帳において、それも確実に「済印」を増やしていくというのは、自分のその瞬間瞬間の状況を視覚的に把握できるということです。今日中に処理しなければいけない案件があと幾つ残っているのか、明日はどの程度の仕事があるのか、ということは今日積み残しがあったとしたら明日にどのような影響を与えるのか、今週と来週の関係はどうか、こうしたことを常日頃から考える癖をつけることに役立つわけです。

仕事というものは刻一刻と状況が変化するものです。突然予想外の仕事が入ってくる。突然の生徒指導が入る。そんなことはしょっちゅうでしょう。しかし、今後一週間程度の見通しが常にもてている状況に身を置けば、そうしたこともそれほど怖くはないのです。そして見通しとは、自分の現在置かれている状況を把握することから始まるのです。

3 週のはじめに頑張る

皆さんは月曜日をどのように過ごしているでしょうか。連休明けの月曜日。まだなんとなく乗らないなあ……と思いながら午前中を過ごす。エンジンがかかってくるのは午後になってから。それでは生徒たちと同じです（笑）。

僕は週のはじめに頑張ることにしています。できれば予定されている水曜日くらいまでの仕事を月曜日のうちに済ませてしまいます。火曜日には木・金に予定していた仕事を済ませてしまいます。水曜日には次の週の学活・道徳や総合のプリントくらいは作ってしまいます。次の週の仕事までできることはやってしまうわけですね。すると、その週のうちに突如降ってきた仕事や突発的な生徒指導くらいしか週の後半には仕事がなくなります。木・金の勤務時間をゆったりした気持ちで過ごすことができるわけです。

実はこの効果は計り知れません。周りの教師が「あっ、来週の月曜、〇〇じゃん。作んなきゃ」と慌てている放課後に、生徒とゆったりと談笑したり、場合によっては時間休を取って退勤したりできる余裕が生まれるわけです。もちろん突発的な仕事が入ったとしても余裕をもってあたることができます。

毎週、週のはじめに頑張る。僕の仕事術における絶対的テーゼです。

4 遂行の要は「相互作用」であると心得る

「構想術」において、長期展望と配慮の大切さを説きました。その要諦は、改革提案の折には、この二つが不可欠だということでした。そうした深さと広さをもった提案でないとなかなか職員会議は通らないというわけです。しかし、それは提案文書を作り、提案を通すときの話。通した提案を実際に遂行し完遂するとなると、長期展望と配慮だけでは足りません。そこには実際に形にしていくことが必要です。そしてそれは決して一人ではできません。多くの先生方、多くの生徒たち、そして時には保護者の協力までが必要となります。そう。遂行に必要なのはコミュニケーション能力なのです。

「長期展望」と「配慮」はあくまでも自分の頭のなかの話です。将来的にこういうことが想定されるだろう、こうすれば相手は困らないだろうという自己完結的な営みです。しかし、実際にそれを実現しようという場合には、他人に行動してもらうことが必要となります。いざ仕事をしようとした日に都合が悪いと言われたり、疑問を呈されたり、意見されたりといったことがあり得ます。提案文書作りが自分からの一方的な作用であるとすれば、その遂行は一緒に仕事をする人たちとの「相互作用」であると考えなくてはなりません。ここに「遂行力」の要があると言えます。

5 チューニングを合わせる

だれもがこれからの時代に必要とされるのは〈コミュニケーション能力〉だと主張します。しかし、〈コミュニケーション能力〉の内実はあまりにも複雑で、しかもその人の性格や人間性と切り離して考えられないものです。「はい、そうですか」と簡単に身につけられるものではありません。ただし、すべての教師が身につけなければならない〈コミュニケーション能力〉が一つあります。これが身についていないと仕事を遂行できない、それが「チューニングを合わせる力」です。

相手がＦＭ電波で発信してきているのに、自分がＡＭ電波で受信しているのでは、コミュニケーションは断絶してしまいます。あの人はＦＭ電波、この人はＡＭ電波という違いをもつのが人間です。しかも各々が何ヘルツで発信してこようとその電波にチューニングを合わせられる、そういう人のことを「コミュニケーション能力が高い」と言うのです。

相手のことを思いやる、相手の立場を尊重する、日本人は「察する」ということを大切にします。だれもがその意識をもっています。しかし、その「察する」という行為も、相手とチューニングが合っていないのでは無意味です。いいえ、無意味なだけならばそれほど問題ではないのですが、時にマイナスにさえなり得るのです。

6 ブリーフィング・マネジメントを心がける

では、チューニングを合わせるにはどうしたら良いのでしょうか。それはお互いのコミュニケーションにおいて齟齬をなくす努力を重ねることに尽きます。

「では、〜ということですね」「つまり、〜という理解でいいですか？」「すみません。仰ってる意味が伝わらないんですけど……」などなど、僕はこうした確認をよくします。おそらくこういうことだろうと理解できたと思われた場合でも確認することにしている。大事な案件であればあるほど、念入りに確認することにもしている。こうした確かにここまでは確認しましたよ、今後このことは揺るぎませんよと一定の確認を共通理解することをブリーフィング・マネジメントと言います。

こんな確認をしたら相手は気分を害するのではないかと心配する向きがあるかもしれませんが、ほとんどそういうことはありません。相手も大事な案件であればあるほど、理解してもらおうと詳しく、丁寧に説明してくれるようになるものです。

「すみません。理解力がないもので…」とか「頭悪くてすいません」とか、一見謙虚に見えながら皮肉にも聞こえる余計なことを言う人がよくいますが、それはすべきではありません。むしろ頭を掻いて笑いながら言うくらいがちょうどいいものです。

7 自分にできないことができる人と仲間になる

あなたにとって職員室で仲が良い同僚はどんなタイプの人でしょうか。気の合う人、自分と似た傾向をもつ人、自分と価値観が合う人、そういう傾向がないでしょうか。

実は同質傾向をもつ人ばかりの集団は、日常の細かい仕事をするにはツーカーで良いかもしれませんが、何かを改善しようというとき、何かを改革しようというときには不向きな集団だと言わざるを得ません。学校において行事やシステムを改変しようというときには、学校を構成するあらゆる仕事に与える影響を考えなければなりません。そのためには学級経営や生徒指導を得意とする人だけでなく、新時代の教育課程の理念について明るい人、地域の事情に明るい人、事務仕事を得意としミスなく書類を作成できる人など、さまざまな人たちが必要です。行事を改革するとなると仕事とは関係のないある人の趣味が生きるということもあるかもしれません。

実は、仕事というものは自分が得意とすることを得意とする人ばかりと付き合っていては、なかなか大きな仕事を実現できないのです。あの人はあれが得意だからこの仕事はあの人に頼もう、この仕事はちょっと無理して自分がやればいい、そういうことが見えてこそ仕事の遂行はスムーズに進むのです。

8 甘え・甘えられる人間関係をたくさんつくる

自分はあの人に甘えることができる。あの人が甘えてきても自分は受け入れられる。そういう人間関係をどれだけもっているか。そうした人が多ければ多いほど、仕事の遂行力は高まります。そういう人が職員室に十人いたら、実は圧倒的な遂行力をもつことができます。しかも、それが前項で述べたような得意分野を異にする人たちであれば、もう無敵と言っても過言ではありません。それが僕の実感です。

ただし、ここで強調したいのは、自分が「甘えられる」ということは、自分も「甘えさせる」ということが不可欠であるということです。一方的に甘えるのも一方的に甘えさせるのも決して良い人間関係とは言えません。それはどちらか一方がもう一方を「搾取している」のであって、早晩その人間関係は破綻へと向かいます。良い人間関係には必ずと言って良いほど「GIVE & TAKE」の関係があるものです。普段そんなことは特別意識しませんが、よくよく考えてみると「GIVE & TAKE」が成立しているものなのです。

もちろん、「オレがこれやってんだからお前はこれやるべきだろ」というようなことは言うべきではありません。具体的な仕事一つ一つに「GIVE & TAKE」が成立しているべきだというのではないのです。こういうのは長いスパンで考える必要があります。

9　人を集めてやる仕事については事前に予告しておく

例えば学年の先生方を集めて打ち合わせを行う。例えば教務部の先生方を集めて某かの作業をする。例えば行事の担当者を集めて会場の準備をする。こうした作業を放課後に行うという場合に突然声をかけるという人が意外と多いことに驚かされます。こうした仕事は一人ではできません。人数がどうしても必要です。それはわかります。しかし、先生方にもそれぞれその日の放課後にやろうと考えていた仕事があります。生徒と面談の約束をしていたり部活のミーティングを入れているというような場合もあるでしょう。予定通りに人が集まらなかったとしてもそれは声をかけた側に責任がある、僕はそう思います。

僕は人を集めなければならない仕事については、必ず一週間前に予告することにしています。三日前にも念を押します。当日の朝の打ち合わせでも全体に伝えます。これで来なかったら初めて相手の側の責任を問える。「一週間前から予告してたでしょ」と。それでも都合が悪いのなら「いいよいいよ。なんとかなるから。ただし、貸しだよ」と冗談とも本気ともつかない表情でチクリと言います。

僕は人は三回言わないと動かないと思っています。そもそも僕自身が一回言われた程度では忘れてしまいますから。予告は三回。人を動かすには必要な原則です。

10 一人でできることは一人でどんどん進める

僕は一人で進められることはどんどん一人で進めてしまうことにしています。例えば一ヶ月後の行事の準備。あと二週間ほども経てば、だれもがその行事のことを本気で考えなくちゃな……と思い始めます。でも、皆が本気で考え出す前にさっさと取り組み始めてしまうのです。そして、「これとこれはやっておいたから」と伝えてしまうのです。すると、その行事の進め方について主導権を握ることができます。少々意見が合わない、僕のやり方には違和感をもっている、そんな人でも「もう堀さんは始めちゃってる。自分はまだ何もしていない」ということになれば、なかなか始めたことを引っ繰り返してまで違和を表明するということはできなくなります。

このだれもが感じる心的機制こそが実はミソなのです。自分で主導権を握る。自分が先頭を切ってやり方を定める。こういうことをギリギリになって皆で意見交換する段階になってからやろうとしても無理があります。そのときにはもう立場がフィフティフィフティになってしまっていて、反論もされれば違和も表明されてしまいます。実は仕事の主導権というものは、早く取り組んだ者ほど握れるものなのです。

仕事というものは自分のペースでやれるのが最も機能的で効率的ですから（笑）。

読書術——「読書」とは現象ではなく機能である

「読書は量よりも質だ」と言う方がいます。そういう方は少なからずいます。そういう方とこれまでたくさん出会ってきました。でも僕はそれは読書量を確保できないことへの言い訳に過ぎないと感じています。もちろん読書の質は大切ですが、それは読書量が担保されているという前提あっての話です。まずは「量」を読む。しかもジャンルの異なった本を広く読む。読書の深さ、つまり「質」はそのあとの話なのです。

とはいえ、読書はやはり「質」です。「量よりも質」というのは嘘ですが、「量を前提とした質」は大切です。質の高い読書とは、自分のなかに確かにあったのに自分では気づいていな

かった、そんなダイヤの原石を掘り起こしてくれるような読書です。決して新しい情報を得られる読書、自分の外にある自分の知らなかった知識をもたらしてくれるのが質の高い読書なのではありません。それは「情報読書」であって、ただ知識を得るためだけの読書に過ぎません。情報を得ることだけが目的ならば、その媒体はネットでもテレビでも良いのです。

読書には読書特有の、読書でしか決して得ることのできない「質」があり、「質の高さ」があります。読書とは「現象」、つまり「行為」ではなく、「機能」なのです。その境地に立たないと、実は「読書」とは言えないのです。

読書術

1 五冊の本を同時進行で読む
2 できるだけジャンルの異なる本を読む
3 五冊を同時に読むからこそ得られる閃きがある
4 四色ボールペンを効果的に使う
5 読書中の「違和感」を大切にする
6 「定義」「定理」「原理」「原則」を集める
7 ある事象の特徴や特性が整理された記述は必ずメモする
8 規範を崩した表現を集める
9 問いを生み出す
10 人生の同伴者をもつ

1 五冊の本を同時進行で読む

僕は五冊の本を同時進行で読むことにしています。自分の書斎で読む本。寝る前にベッドで読む本。トイレで読む本。学校の空き時間で読む本。通勤途中や外出先でのちょっとした空き時間に読む本。この五冊です。これらのそれぞれがほぼ一週間で読み終わります。結局、僕は週に五冊程度、一年間で二五〇～三〇〇冊程度は読むことになります。五冊同時進行読みが結果的に僕の読書量を担保してくれているのです。

その本が面白くなかったり無益だと思われた場合には途中でやめることも少なくありませんから、実際に一年間に手にしている本は五〇〇冊を超えると思います。

もちろん書斎で読んでいる本があまりにも面白く、ベッドやトイレにまで持ち込むということはありますし、難しい学術書を読み始めて三週間かかりきりなどということもあります。しかし、平均すると、やはり年間二五〇～三〇〇冊くらいになるのです。

この生活を始めて、既に三十年以上が経過しています。きっかけは自分の読書の仕方として予備校の先生が講義中の雑談のなかで話していたことです。僕は「なるほど」と膝を打ち、真似するようになったのです。この読書法は大学生活・教員生活を通じて僕にもたらした効果たるや凄まじいものがあると感じています。

2 できるだけジャンルの異なる本を読む

五冊の同時進行読みにはそれなりのルールを設けています。まず書斎では自分の発信の資料となる本を読むことが多いです。書斎では本を読んでいる時間よりも執筆したり講座を作ったりという時間の方が多いわけですから、これは必然的なことです。メモを取りながら読んでいくことになります。学術書を読むのも書斎です。難しい本を読むには静かで集中できる環境が必要です。思考を途切れさせない環境は僕には書斎以外にありません。

通勤途中や外出先の空き時間で読むのは小説が多いです。特にすることのない休日にソファに寝転がって読むのもほとんどが小説です。僕はもともと「文学青年」でしたから、本当はもっと小説を読みたいのです。しかし小説ばかり読んでいては実践研究を進めるのに障害が出ますから、小説を読むのをできるだけ控えているところがあります。

学校の空き時間、トイレ、ベッドで読むのはほとんどが新書です。新書の多くは約二〇〇頁。こうした場所での読書には最適の厚さです。しかもこの三箇所で新書のジャンルはできるだけ離れたものを読むようにしています。特にベッドでは眠れなくなっては困るので、できるだけ興味のないテーマの新書を読みます。面白くない本を読んでいると、スーッと眠りに就くことができます（笑）。

3 五冊を同時に読むからこそ得られる閃きがある

実は五冊を並行して読むのは、読書量を増やすことだけが目的ではありません。異なるジャンルの本を五冊も並行して読んでいると、今日書斎で読んだ学術書の論述と、外勤先の待ち時間で読んでいた小説とが同じことを言っていたとか、今日トイレで読んだ教育をテーマとした新書と学校の空き時間で読んだ政治学の新書とがまったく正反対のことを言っていたとか、こうしたことがよく起こります。そんなことが起こると、とたんに僕の頭は活性化します。「おいおい、これは実は世界の真理なんじゃないだろうか」「おやおや、これはどちらも正しく思われるけれど、まったくベクトルが逆じゃないか」といったことを考えながら、僕のなかに新たな課題意識・問題意識が生まれるのです。この瞬間がたまりません。

一週間に三つ程度は課題意識が生まれ、月に二つ程度は自分の研究コンテンツになるほどの大きな問題意識が生まれます。この悦びと言いましょうか旨みと言いましょうか、これが日常になってしまったらもう五冊並行読みはやめられません。この読書法の一番の利点はここにあります。この読書法が僕にもたらした効果が凄まじいというのもこういうことなのです。この読書法に出会わなかったら、間違いなく現在の僕はありません。

4 四色ボールペンを効果的に使う

多くの読書家が本に線を引きながら読むようですが、僕も御多分に漏れず本には線を引きます。よほどの価値のある本（例えば、古書店で十数万で買ったというような）でない限り線を引きます。その際、四色ボールペンが次のように力を発揮します。

【青】内容的に気に入ったところ。後に自分の論の補強剤として引用する可能性がある箇所。

【赤】内容的に違和感を抱いたり、明確に反対意見をもったりしたところ。後に自分の論で批判的に引用する可能性のある箇所。

【緑】内容に関係なく、表現方法として気に入ったところ。なるほどと唸った比喩や造語など、自分の表現を豊かにするうえで役立ちそうな箇所。

【黒】本を読んでいる途中のメモ。教育論に応用できそうなことを思いついたり、その論理に触発されてあとで検討してみたい事柄などが出てきたりした場合。

このように自分で色分けのルールを決めています。そして一つでも記述された場合には頁の上角を折ります。場合によっては頁の表裏でどちらも折りたいという場合がありますが、その場合には裏側は下角を折ります。これが僕のルールです。

5 読書中の「違和感」を大切にする

本を読んでいて「うんうん」と頷ける論述に出会うと嬉しくなります。「そうだよなあ」と感心したり、「それだ！」と膝を打ったり。だから多くの人たちは自分が肯定的に捉えられる本を読みます。好きな作家の小説、好きな著者の論述、好きなテーマの新刊……。ただでも、自分が肯定的に捉えられる論述というのは実はあまり役に立たないのです。ただ「当然のこと」として自分の中に溶けていくだけです。実践研究に熱心な人が研究や執筆のときに権威づけとして引用できるという利点はありますが、僕の経験上、せいぜいその程度です。本当に自分を成長させてくれるのはむしろ、違和感を抱いた箇所であり反発を抱いた箇所です。僕の場合なら四色ボールペンの赤で線を引く箇所ということになります。

人が緊張感やエネルギーをもって思考するのは、ポジティヴな感情を抱いたときよりもネガティヴな感情を抱いたときです。その緊張感やエネルギーの所以を「嫌いだから読まない」と閉じてしまうのではなく、「なぜ自分はこの論述に違和感を覚えるのか」「なぜ自分はこの論述に怒りを覚えるのか」「それは自分のなかにこのことを論じるためのどんな前提があるからなのか」などと、自分でさえ気づいていない自らの中に巣くう前提的感受性を問うてみるのです。いろいろなことに気づかされます。

6 「定義」「定理」「原理」「原則」を集める

本を読んでいると、自分が日常的に使っている用語について、膝を打つような定義や定理、原理・原則に出会うことがあります。「出会うことがある」というよりも、どんな本にもそんなフレーズの一つや二つくらいはあるものです。

例えば、僕がここ数時間で読んだ本（原稿執筆時）でメモしたものを挙げてみましょう。

●短期的な善が長期的な悪に転ずるという構造（内山節）
●無意識とはいたるところに偏在するがゆえに不可視なもの（斎藤環）
●リーダーは「ルールでは判断できない、論理だけでは整理できない例外事項について意思決定する」ために存在している（山口周）
●「ありのままの自分」を開示しあったとき、本当にお互いを受け入れあう関係性が築かれるという保障はどこにもない（山竹伸二）
●クレーマーは口汚くののしるが、それは見た目とは違い、まったく受け身の要求をしている。サービス・システムに対して、「われわれがもっと安心してぶら下がっていられるようにしてくれないと困る」と文句をつけるだけなのだから（鷲田清一）

こうしたフレーズを確実にメモしておくことが力量形成には欠かせないのです。

7 ある事象の特徴や特性が整理された記述は必ずメモする

ある事象の特徴や特性が整理されているものを見つけたら必ずメモします。これが溜まると自分の力量形成に大きく威力を発揮します。これも今日の例です。

●賢い意思決定を行う集団に見られる四つの特徴（『世界で最もイノベーティブな組織の作り方』山口周・光文社新書・二〇一三年十月）

多様性　…　バックグラウンドの異なる人々の集まり
独立性　…　他者の意見に左右されない
分散性　…　自分なりに情報を取得する手段がある
集約性　…　意見をひとつにまとめるメカニズムの存在

●ストーキングの特徴（『「ストーカー」は何を考えているか』小早川明子・新潮新書・二〇一四年四月）

①確固たる心理的動機があり、正当性を妄想的に信じ込んでいる。
②相手を一方的に追いつめ、迷惑をかけて苦しめていることを自覚しながらも、相手に好意を持たれる望みをかけている。
③その望みが絶たれた時、心のバランスは苦しみに反転し、自殺または相手を殺害することもある。

興味のないものであっても僕は取り敢えずメモすることにしています。

8 規範を崩した表現を集める

「あなたとこんな風になるなんて思ってもいなかった」

石山の腕の中は、甘美な牢獄だと思いながらカスミはつぶやいた。時間が迫っているのに、いつまでも囚われていたい。

（『柔らかな頬』上巻・桐野夏生・文春文庫・二〇〇四年十二月）

これは主人公のカスミの不倫の情事の場面です。いわゆるピロートークのシーン。

ここで言う「甘美な牢獄」という言葉は僕にある種の震撼をもたらしました。成功する学級経営とは実は「甘美な牢獄」を作っているのではないか。学級とは牢獄。子どもたちは学級を選べない。自由に教室から出て行くこともできない。その意味では間違いなく牢獄である。牢獄であるからこそ、心ある教師はそこに甘美性を作ろうとする。若い教師はそこが牢獄であることを意識せずに、甘美性ばかりを追い求めるから牢獄に適した甘美性ではなく、甘美そのものを作ろうとしてしまう。その結果、時に学級崩壊が生まれる。牢獄に適した甘美と適さない甘美があるのではないか。こんな具合です。普通、「甘美」と「牢獄」は結びつきません。しかし、表現者は平然とこうした規範を崩した表現を使うものです。規範の崩れた表現からは新しい発想が生まれやすいのです。

9 問いを生み出す

本を深く読むということは、どういうことか。読むことを通じて、あるいは読むことにおいて、世界への〈問い〉が開かれ、思考が触発される、ということである。本は情報を得るために読むわけではない。そういう目的で読む本もあるかもしれないが、少なくとも、読書の中心的な悦びはそこにはない。／よい本は、解答ではなく、〈問い〉を与えてくれる。〈問い〉は、不意の来訪者のようなもので、最初はこちらをびっくりさせる。だが、その来訪者と対話することは、つまり、〈問い〉が促すままに思考することは、やがて、この上ない愉悦につながる。自分の世界が広がるのを実感するからである。

（『〈問い〉の読書術』大澤真幸・朝日新書・二〇一四年九月）

これほど端的に読書の妙を言い得た言葉を僕は他に知りません。しかし、と同時に、大澤真幸の言うこの読書の妙を実感し体感する者が教師のなかに（おそらく教師以外の人々のなかにも）極少数しかいないであろうことをもよく理解しているつもりです。こうした資質は天性のものなのか、それとも訓練で培われることがあり得るのか。仮に後者とすれば、僕はすべての教師にその訓練に取り組んで欲しいと切に願うのです。

僕は「読書術6」において、内山節・斎藤環・山口周・山竹伸二・鷲田清一の本を読んでメモした箇所を紹介しました。これら一つ一つだけなら、感心するフレーズが列挙されるに過ぎません。例えば、リーダーがルールを超えた判断をするのが役目とする山口周の論理にだれもが感心するでしょう。しかし、これが「だからうちの校長はだめだ」とか、「自分も細かなことには口を出さないことにしよう」とだけ捉えるとすれば、それは生産的ではありません。これを例えば、短期的な善が長期的な悪になることがあるとする内山節の論理と結びつけてみたとき、実はそこに新たな世界が生まれるのです。内山の論理は逆に「短期的な悪が長期的に善に転移すること」も述べているはずです。とすれば、リーダーがそうした超ルール判断を施せるようになる以前に、どんな訓練やどんなコミュニケーションが必要なのか、つまり、そうしたリーダーへと成長するための「必要悪」段階があるのではないか、という発想にも至るわけです。

また、この多様性信仰の時代、「読書術7」で挙げた「多様性」「独立性」「分散性」に反対する人はあまりいません。しかし、多くの人がストーカーは許せないと思っています。しかし、思いが遂げられなかったときに自殺や殺人に至るのは論外としても、心理的動機に基づいて自らの正当性を盲信したり、迷惑をかけながらも相手からの好意を期待するなどということは、だれにでもあることなのではないか。こうした問いを得たとき、世界観は一気に広がるのです。

10 人生の同伴者をもつ

古典が読まれなくなりました。ここで言う「古典」はいわゆる古典作品を指すのではありません。「萬葉集」や「伊勢物語」はもちろん入りますが、漱石・鷗外・芥川といった近代の名作、デューイや生活綴り方といった教育史遺産を含んでいます。大西忠治や向山洋一の初期著作などもいまとなっては古典扱いなのかもしれません。新しいものばかりではなく、古典を視野に入れ、歴史から「現在」を見通してみることをお勧めします。

そうした古典からは、「人生の同伴者」とでも言える書や著者が必ず見つかります。そしてそれは、できれば教育書でない方がいい、著者が教育プロパーでない方がいいと僕は考えています。教師として、人間としての視野を広く、そして深くするためにです。

僕は二十代半ばから三十代半ばにかけて、ハイデガーの『存在と時間』の岩波文庫を読みました。一頁一頁ずつコピーしてノートに貼り、概説書や解説書を繙き、メモしながら読みました。十二年かかりました。ノートは二百冊を超え、マルティン・ハイデガーは僕の人生の同伴者になりました。

三十代後半から四十代にかけて、僕は三島由紀夫全集を読みました。全三十五巻・補巻一。学生時代に最も傾倒した作家くらい全部読もう……そう考えての取り組みでした。十四年かかりました。

当然ながら、三島由紀夫は学生時代の比ではなく、深く深く人生の同伴者になりました。

五十代になって、いま僕は村上春樹の比喩を全作品から視写するという作業に取り組んでいます。比喩が使われている段落をそのまま黒ペンで抜き出し、比喩の部分だけは青で書きます。それだけの作業です。毎日の朝読書はこの作業ですし、ちょっとしたすきま時間もこの作業です。二年ほど経って、現在五冊目の文庫本に入ったところです。何年かかるかわかりませんが、この作業はハイデガーや三島由紀夫と同じように、僕を大きく成長させてくれると確信しています。新しい人生の同伴者を得られるはずです。

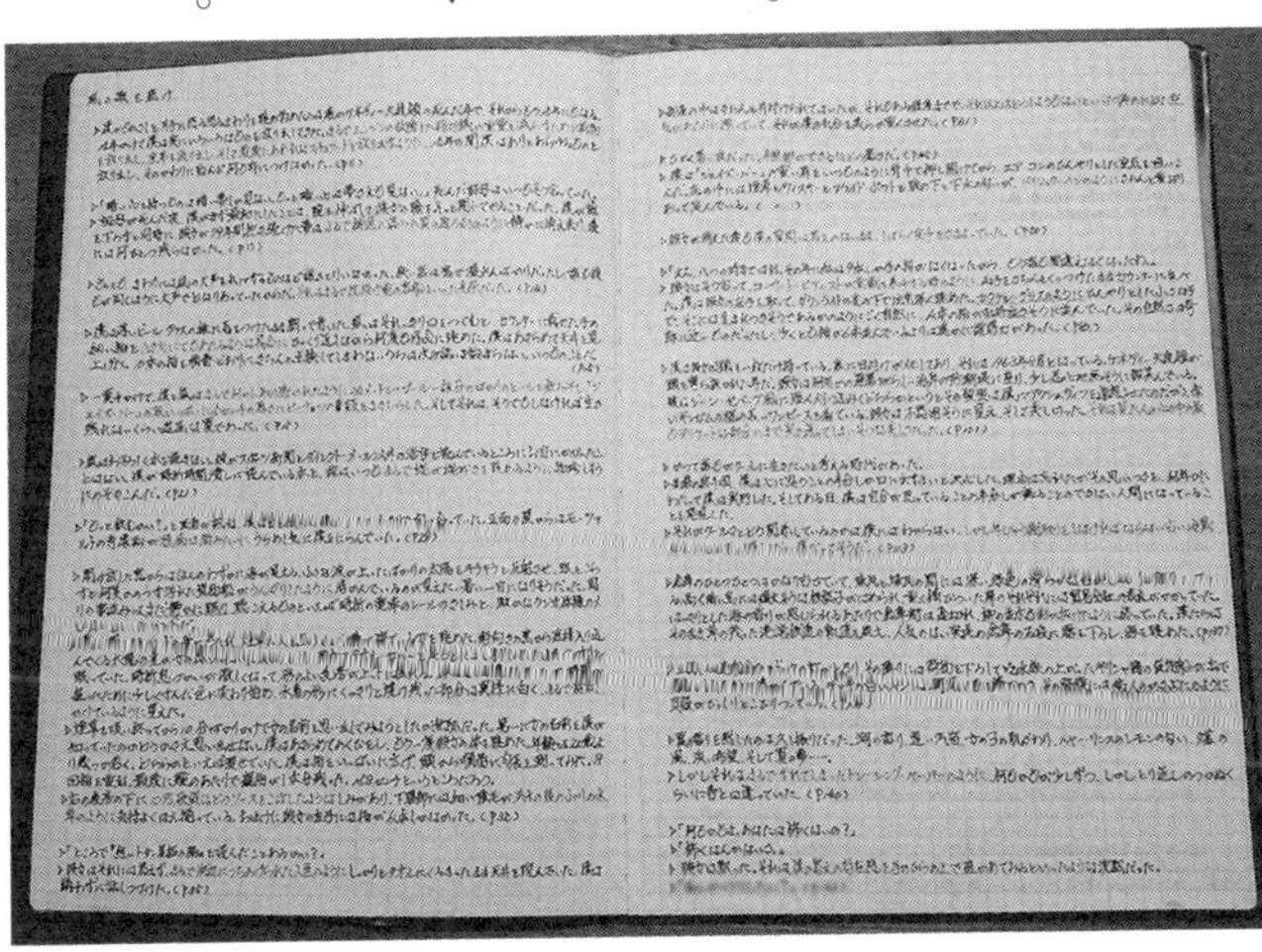

執筆術――書くことが思考を活性化する鍵となる

読書と執筆は連動している――僕はこのテーゼを信じて疑いません。本を読まない人に文章は書けませんし、文章を書かない人に深い読書はできません。

読書も執筆も「書き言葉」の世界です。書き言葉は本来、「思考の言葉」です。決して「情報の言葉」でもなければ「伝達の言葉」でもありません。読書は情報を伝達されているのではなく、「思考」を促されているのです。執筆とは情報を伝達しているのではなく、「思考」を開示しているのです。これを実感し、体感し、体得すれば、「思考」は日常となり、一つ一つの日常的な仕事も意味あるもの、意義あるもの

として躍動し始めます。どんな小さな仕事もです。そのサイクルに入ることが「仕事術」の極みであるとさえ僕は考えています。

僕はとにかく「書く生活」を続けています。媒体は何でもいいのです。手帳であろうとノートであろうと本の余白であろうとPCであろうと、ちょっとしたメモ用紙でさえ、そこには自分の「思考」が記録されています。そんな生活がシステム化されています。仕事を充実させるのは「書くこと」を軸としたシステムを生活のなかにつくることなのではないか、そんな風にさえ感じているほどです。

自分の思考を活性化するための鍵。それが執筆術なのではないでしょうか。

執筆術

1　読書から得た閃きを溜めておく
2　毎日のエピソードを集めておく
3　引用可能性文書フォルダをもつ
4　論理展開テンプレートで訓練する
5　「読み手」を想定する
6　最初の一文を思いつけば原稿は書ける
7　冒頭に具体例をもってくる
8　SNSで評価を取る
9　書籍化の可能性を念頭に置く
10　五冊の本を同時に書く

1 読書から得た閃きを溜めておく

村上春樹に「4月のある晴れた朝に100パーセントの女の子に出会うことについて」(『カンガルー日和』講談社文庫・所収)という作品があります。僕は今日、この作品を朝読書の時間に読みました。これからすれ違おうとしている見知らぬ女の子が、まだ50メートルも先にいるうちから100パーセントの女の子であることが理解される。声をかけるべきか否か。かけるとして、どう声をかけるのか。そもそも声なんかかけられるのか。

これを読んで、普通の人はそのロマンティックな世界観にただ耽溺します。ただ恋愛の物語として意識します。でも僕はそのとき、そういえば昔、クラスに一人は「100パーセントの生徒」というのがいたなあ……と思い浮かべていました。この子は僕という教師と相性が合う。世の中の教師の中で自分が最もこの生徒を成長させられる。そんな確信を抱ける生徒です。僕はしばし本を読むのをやめて、朝読書に取り組む生徒たちを眺めました。ああ、いない。100パーセントの生徒がいない。なぜだろう。そんな風に思考は進みます。

さりげないフレーズに思考が活性化されるということはよくあるものです。しかし、たいていそれらはすぐに忘れ去られてしまいます。それをすぐにメモできるか。ちゃんと溜めておけるか。そこに文章を量産できるか否かのポイントがあります。

2 毎日のエピソードを集めておく

「手帳術10」で述べましたが、僕は毎日の気になったエピソードを日記風に記録しています。生徒たちの行動で気になったこと、生徒たちとの楽しいやりとり、保護者の深刻な悩み、職員室での何気ない会話、セミナーで考えたこと、地下鉄でふと気になった乗客の姿……ネタはなんでもいいのです。大切なのは自分の感覚にちょっとでも引っかかったこと、それが基準です。

文章を書いていると、主張したいことに連動した「具体例」が欲しくなることがあります。その主張に合致したエピソードですね。そんなとき、僕はいま使っている手帳を1月から読んでいきます。その手帳になかったら前年度の手帳を開きます。それでも見つからなかったら一昨年の手帳を引っ張り出します。それでもなければ更に前です。要するに、僕の手帳はエピソードのデータベースになっているわけです。僕はこうした「エピソードが欲しいと思った」とき、手帳から見つけられなかったということがありません。拙著『若手育成10の鉄則・100の言葉がけ』（小学館）などはすべてがこうして出来上がりました。

これが、「何かなかったかなあ…」と記憶の中から引っ張り出すのでは大変です。まず見つからないと断言してもいいでしょう。主張とは毎日の積み重ねが生み出すのです。

3 引用可能性文書フォルダをもつ

読書中に頁の角を折る人は多いと思います。線を引きながら読む人も多いと思います。四色ボールペンを活用するという人も決して少なくないでしょう。しかし、僕の読書術は実はここからがミソです。僕は毎日、帰宅して三十分ほどをこれらの打ち込みに使うのです。帰宅した後、常に財布の小銭入れのなかに携帯しているフラッシュメモリーから、一太郎の「引用可能性文書・時系列版」というファイルを開いて打ち込みます。この習慣が身についてから既に二十年近くが経ちます。

この「引用可能性文書」は、９ポイント、明朝体フォントでＡ４判53字×50行に設定してあります。この箇所を自分の文章に引用しようとするときにそのままコピペできるように、一つ一つに本のタイトル・著者・出版社・刊行年月日・頁数を記述します。写し間違いがないかを何度も確認することも怠りません。

もう一つ、「表現ぱくり可能性文書・時系列版」というファイルもあって、こちらには気に入った表現（つまり、緑色のボールペンで線を引いた箇所）を打ち込んでいきます。もう少し裏話をするなら、「村上春樹の比喩」とか「内田樹のユーモア」とか「鷲田清一の味わい」といったファイルもあって、これら達意の文章家の表現を収集してもいます。

これらの時系列版の打ち込みは、一度打ち込んだら削除するということがないので、いま数えたら既にＡ４判で８千枚を超えているようです。この８千数百枚は僕にとってまさに宝の山です。僕はこの作業を自分の生活にルーティンとして位置づけた二十年前の自分に深く感謝しています。感謝しても感謝しても仕切れないほどです。

「引用可能性あり」として時系列に打ち込まれた文書は月に一度程度、暇な休日に整理することにしています。テーマ毎にいろいろなフォルダがあって、例えば「学級経営」「生徒指導」「国語教育」「道徳教育」「演劇論」「ファシリテーション」……などが並んでいます。これらのフォルダを開くと、僕が研究テーマにしている項目のファイルがズラリと並んでいるわけです。そしてこれこそが、僕の執筆術の一番の武器なのです。

現在、二十代、三十代で本書を手にした皆さんには、僕のこの手法をお勧めします。二十年続けたら、少なくとも僕程度の書き手にはなれるはずです（笑）。僕は地方の教員養成カレッジの出身者に過ぎません。頭の出来はそれほど良いわけではありません。僕が現在八十冊以上の著書を持つのは、間違いなくこの手法を二十年近く続けてきたからに他なりません。ただし、あらかじめ言っておきますが、これを毎日のルーティンとして習慣化することは、想像するよりずっと難しいことです。やってみればわかります。多くの人はきっと続きません。実は僕も定着するまでに五年かかりました（笑）。

4 論理展開テンプレートで訓練する

加藤典洋に次のような文章があります。

第一次世界大戦が、帝国主義国、列強国同士の覇権争いとしてはじまり、戦争終結後、国際社会の成立と国内における市民原則の一定の確立をみることを通じて理念による戦争目的の提示なしに——また戦争一般を違法とする戦争違法観への対処なしに——もはや戦争が行えない素地を作ったとすれば、第二次世界大戦は、そのことに最初からしっかりと対処した国と、これに十分に対処できなかった国の戦いでした。

〈『戦後入門』加藤典洋・ちくま新書・二〇一五年一〇月〉

例えば、僕はこの文章を一太郎に打ち込んでみます。この文章の打ち込みは、僕の仕事に例えば、次のような効果を上げます。

一つは、ここに見られる加藤の第二次世界大戦観が、これまで僕の認識していた第二次世界大戦観とは異なることが挙げられます。僕はこの文章によって、第二次世界大戦に対する新しい知識を得たとも言えますし、もしも僕が今後、第二次世界大戦に関する文章を書くとしたら、おそらくこの加藤の論理を無視して書くことはないだろうとも思われます。そのくらい、この第二次世界大戦観は僕にとって新鮮な驚きでした。

もう一つは、この文章を例えば次のように書き換えてみることから得られる効果です。

新学力観からゆとり教育へという一連の流れが、系統主義教育観、それに伴う管理教育・偏差値教育への批判としてはじまり、臨教審以来の、個性化教育観の成立と国際社会に対応できる人材の育成という理念の確立を目指してそれまでの学力観――或いは学校教育の目的の転換とともにシステム改革を図ろうとしてそれまで学校教育観――の転換を図ろうという素地を作ったとすれば、学力低下論争は、そのことに最初からしっかりと対処した者と、これに十分に対処できなかった者の論争であったと言える。

こう作り替えてみると、もう三十枚や五十枚の原稿を書くことはいとも簡単なことになります。僕は加藤のこの一文を打ち込んでみることで、第二次世界大戦に対する観を学んでいるというよりも、人間社会に新しい理念による枠組みができようとするときに現れるトラブルの普遍的な構造を学んでいるわけです。「読書術」で本というものは情報を得るために読むものではなく、「世界への〈問い〉が開かれ、思考が触発される」（大澤真幸）ために読むものなのだと繰り返し述べましたが、それは例えばこういう思考過程のことなのです。僕はこうした作業を通じて思考訓練をしているわけです。実際に原稿に使うことはありませんが、ＦＢの投稿などではよくこうしたものを上げています。

5 「読み手」を想定する

文章を書くときには、何を措いても「読み手」を想定することが必要です。学級通信ならば「子ども」や「保護者」を、雑誌原稿や本の原稿なら「学校の先生」を……というレベルの読者想定ではありません。学級通信ならば「山下くんとその保護者」をとか、最近トラブルのあった「長尾さんと高橋さんの保護者」にとか、そうしたレベルのことを言っています。ここまで具体的に読者を想定すると、その文章は間違いなく内容の焦点化された、ブレのないものに仕上がっていくものです。

教育雑誌や本の原稿を書くときにも、僕は何人かの読者を具体的に想定して書いています。例えば「この文章は向山洋一への反論として」とか「この文章は向山洋一へ連帯の意をこめて」とか「この文章は宇佐美寛に読まれても隙のないように」とか考えて書くわけです。この人には反論ばかり、この人には連帯の意ばかり……という偏りはありません。それでは自分の思考を狭くするだけです。この論理にはこの人ならこう反論してくるだろうと考えればそこを補強します。そんな風に考えながら書き進めるわけです。

この本も、若い実践者や同僚・元同僚など、何人かの具体的な顔を思い浮かべて書いています。これが僕の仕事の全体像だよ、と。

6 最初の一文を思いつけば原稿は書ける

雑誌原稿で三～四頁、書籍原稿の一節として書く十頁程度、ワンテーマでパッケージとして書く原稿は「書き出し」がすべてです。「書き出し」さえ思いつけば、その後はその「書き出し」が含意していることを書き連ねていけばいいだけです。

例えば、僕の出世作の一つである『学級経営10の原理・100の原則』（学事出版）は次のように書き出されます。

かつて新卒教師は失敗を重ねながら力量を高めていきました。

この一文には二つのことが含意されています。一つは新卒教師は失敗するものであり、その失敗がなければ力量形成もあり得ないことであり、もう一つは、現在はその失敗が許されなくなり、新卒教師が当然のように通らなければならない道が閉ざされつつあることです。なんとなく昨今の若い教師を見ていて「うまくいってないなあ」「かわいそうだなあ」「これじゃあ、うまく育たないなあ」と感じていた僕は、あれこれ考えていた僕は、ある瞬間、ふとこの一文を思いつきました。すると、この一文に続いて言葉がするすると出始め、五頁ほどを三十分程度で書き上げてしまったのです。

最初に何を言うか。文章表現とはもうそこで結末まで見えているものなのです。

7 冒頭に具体例をもってくる

某かを主張しようとするとき、「帰納的」に述べる方法と「演繹的」に述べる方法とがあります。前者は最初に具体例を提示し、その具体例から言えることを抽象するという述べ方です。後者は最初に主張の概念規定をしっかりと提示し、その後、「例えば」と具体例を挙げて補強するという仕方です。読み手には前者の方が一般的には理解しやすいものです。教師が教育論を提示するという場合には教師である書き手が教師である読者に主張するわけですから、なおさらその傾向が強くなります。「こういうエピソードがありました。教師ならこういう経験よくありますからわかりますよね。実はこうした出来事にはこういう構造があって……」という書き方ですね。

この本は僕という教師の「仕事術」を紹介し、「仕事の機能」を紹介しようとするものですし、一項目が一頁という紙幅の問題もあり、「演繹型」の述べ方が多くなっていますが、教育の実践原稿にしても学級通信をはじめとする公務上の文章にしても、「帰納型」で書くことを旨としておけばまず間違いないのではないでしょうか。

ちなみに、「帰納的」に書いた10・100シリーズとしては、前作『若手育成10の鉄則・100の言葉がけ』（小学館）がありますので、ご参照いただければ幸いです。

8 SNSで評価を取る

皆さんはSNSをどのように活用しているでしょうか。どのようにというよりも、どんな目的で活用しているでしょうか。多くは人とつながること、交流することが目的でしょう。でも、僕はそれを第一義とはしていません。

例えばFB。僕は本の原稿を書くとき、一節（平均三頁くらいでしょうか）できたらFBに上げてみることにしています（もちろん「友達」限定です）。そして「いいね」の付き方を見ます。見るというよりも分析します。「いいね」の付き方の勢いはどうか。男女比はどうか。年齢層はどうか。教員以外の人たちの反応はどうか。そんなことを分析するわけです。「いいね」の付き方に勢いがあり、階層的にまんべんなく「いいね」が付いている場合にはそのまま使います。「いいね」の付き方に勢いがないとか、女性が「いいね」をくれていないという場合には、何か問題があるのかもしれない、一般感覚と異なることを書いたのかもしれない、独り善がりになっているかもしれない、僕の真意が伝わっていないかもしれない、そうしたことを想定してもう一度その文章を検討します。だいたい納得のいく理由が見つかるものです。実はこうした活用法もあるのです。

「いいね」が三桁になったところで、たいていはその投稿を消しますけれど……（笑）。

9 書籍化の可能性を念頭に置く

雑誌で連載をすることがあります。僕が初めて雑誌で連載したのは二〇〇二年のことでした。『教育科学国語教育』（明治図書）です。三五歳のときでした。一つのテーマに沿って毎月五頁の原稿を書くということはとてもたいへんでしたが、とても良い経験になりました。その連載はその後、『絶対評価の国語科テスト改革・20の提案』（明治図書）として一書にまとめられました。

この経験は僕にとってとても大きなものになりました。すべての原稿を「書籍化」を念頭に置いて書くようになったのです。雑誌原稿であろうと同人誌原稿であろうと校内で書く原稿であろうと、すべて「こういうテーマのこういう部分の一節になる可能性がある」ものとして意識されるようになったわけです。

いいえ。原稿ばかりではありません。SNSに投稿する文章も同じように考えて書いています。FBで僕と「友達」になっている読者はわかると思いますが、僕の投稿は日常のエピソードを語る場合でもある一定の分量で文体を整えたものが投稿されています。投稿したら誤字脱字を頻繁に修正しもします。完成したら一太郎にコピペ。本を書く際の材料としてストックされているのです。

10 五冊の本を同時に書く

読書において五冊の本を同時進行で読むのと同様、実は本を書くうえでも五冊の本を同時に書くことにしています。僕のPCには「現在執筆中」というフォルダがあって、そこに五冊の途中まで書いた原稿と資料が入っているわけです。

本というものは必ずしも一気に書けるわけではありません。書いていて必ず「詰まる」ということが出てきます。そんなとき、その原稿とにらめっこし続けていてもあまり生産的ではありません。「よし、こっちの続きやろう」と別の本の執筆に取りかかるわけです。別の本を書き始めても、中途半端になってしまった本のことはいつも気にかかります。そんな状態で数日から数週間を過ごすことになります。そのうちに良いアイディアが生まれてきて、そう遠くない日にまた続きが書けるようになるわけです。一冊が仕上がったら、別の本をそのフォルダに加えます。こうして量産しているわけです。

依頼を受けたり自分で書きたいと思ったりして、「これから書く候補」となっているものを入れておくフォルダもありますから、一冊仕上がってもそこに入れるものには事足りません。依頼が来なくなるまで、書きたいものがなくなるまで、或いは僕に気力がなくなるまで、この生活は続くのだろうなあ……と感じています。

提案術——思考の触媒となって「問い」を成立させる

良い本は「答え」ではなく「問い」を与えてくれる。そう大澤真幸は言いました。良い授業、良い実践提案も同様です。

多くの人が、人前で提案するとき、少し偉くなったような気がして「答え」を提示しようとしてしまいます。しかし、何事も的確な「答え」などそう簡単に見つかるものではないし、なにより「答え」は決して一つではないのです。僕の経験でも、「あっ、これが答えだ！」と発見の喜びに噎せ返っていたものが、数年後には「ああ、当時の答えは狭かった。もっと広い視野をもたなくちゃ」と反省するなどということはしょっちゅうです。

とすれば、実践提案においても「答え」を与えようとするよりも、聞き手の中にその聞き手なりの、有効な「問い」が成立することこそが最も良い提案なのではないでしょうか。「情報を伝達する」ために提案するのではなく、「思考の触媒となる」ために提案するのです。

あなたはだれかのコピーになりたいと思うでしょうか。だれかの真似だけをして仕事をしていきたいと思うでしょうか。そもそもだれかのコピーとして生きることなんて可能なのでしょうか。あなたの提案の聞き手も同様なのです。「思考の触媒となって『問い』を成立させる」、実はそれこそが理想なのです。

	提案術
1	他人が既に言っていることは提案ではない
2	純粋なオリジナリティなどない
3	自分の中にないものは提案できない
4	対談・座談会で自分の運動を見せる
5	提案を伝えるのでなく聞き手に某かを起こす
6	できるだけアナログに近づける
7	その場で思いついたことこそが臨場感を生む
8	六割主義で準備する
9	最後まで終える必要はまったくない
10	提案とは問いを投げかけることである

1 他人が既に言っていることは提案ではない

本書を手に取られた方は、「仕事術」という書名を見て、「こんな風に効率的に採点業務を行う」とか「こんな風に書類を整理する」とか、或いは「こうすれば一日に一時間程度の自分の時間を生み出せる」とか、そんな原理・原則が書かれていると思われたかもしれません。そして、本書にはそうしたレベルのことが一切書かれていないことに驚かれたかもしれません。でも、そんなことは他の人がさんざん書いているのです。僕が新しく「仕事術」の本を上梓するというときにそうしたレベルのことを書いて「提案性」が生まれるでしょうか。既に別の人が書いて発表されている「仕事術」の本を読めば事足りるのではないでしょうか。

僕が新しく書くとすれば、僕にしか書けないこと、僕だけがやっていることのみで構成しなければ上梓する意味がありません。そして何より、「採点の仕方」や「書類の整理」や「時間の効率化」は僕にとっては既に当たり前のことであり、「仕事術」というよりは「雑事」なのです。淡々とやればいいだけのものです。僕にとっては本書に書かれているようなレベルのことが「仕事術」であるわけです。そこに僕のオリジナリティがあり、本書が刊行される意味もあるわけです。そうしたレベルのことを「提案性」と言うわけです。

2 純粋なオリジナリティなどない

しかし、世界中どこを探しても「純粋なオリジナリティ」というものは存在しません。それは「創造主」だけがもつ特権であって、僕ら後発の人間に「純粋なオリジナリティ」をもつことなどは不可能なのです。「提案術1」で述べたことと矛盾するように感じられるかもしれませんが、これもまた真理です。

すべての提案は「新しいものを発見した」というよりも、これまでに当然のようにあったあるものを別の側面から見るとこういうことが見えてきましたとか、これまでにあったAというものとBというものを組み合わせてみたらこんな効果がありましたとか、そうした手続きを踏んで提示されます。その「別の側面」から見た視座とか、全然関係ないと思われていたAとBを組み合わせてみた発想とかが新しかったのです。

僕は10・100シリーズにおいて、「学級経営」や「生徒指導」、「一斉授業」について10の原理、100の原則を提案しています。一つ一つの原理・原則に実はそれほど真新しさはありません。しかし、それを百も集めて「どうでしょう。これが全体像ではないでしょうか」と提示したところに「提案性」があるわけです。

こうしたレベルで「提案性」を考えることも大切なことです。

3 自分の中にないものは提案できない

若い人がセミナーその他の場に登壇しているのを聴いていると（本当は若い人ばかりに限らないのですが）、いわゆる「背伸び」をしての提案が多いように感じています。「えっ？ そんな小さなことからそこまで大きなこと言うの？」とか、「それ、ヴィトゲンシュタインのその部分からだけ言っちゃだめでしょ」とか、「それ、西川先生の一部分だけ取ってて、きみの言ってることは西川先生は既に想定してこういう主張してるよ」とか……そうしたことがやたらと多いのです。

人前に立って提案するというとき、自分の中にないものを提案してはいけません。要するに登壇の機会が与えられ、与えられたテーマに即して勉強し、その勉強したことを提案するという在り方で臨んではいけません。自分の実践から言えること、自分が常日頃から考えてきたこと、それを題材にしなければ説得力がないのです。提案する本人さえよくわかっていないことを聞かされるのでは、聞く側にとっても迷惑です。話に深みがない、質問しても答えられない、そんな提案者は提案者とは言えません。

当たり前のことですが、あくまで「自分の中にあるもの」を提案しましょう。できれば「自分の中に溶けているもの」を提案するくらいの構えが欲しいと思っています。

4 対談・座談会で自分の運動を見せる

人は何かに働きかけられたときに揺れたり動いたりします。読書で本に働きかけられたとき、子どもに何らかの質問や意見を受けたとき、人と何かを論じ合ったとき、これまで考えたこともないようなテーマの原稿や講演を依頼されたとき、人はこれまで「自分の中にあったもの」が揺れ、動きます。

実はこの「揺れ」や「動き」を見せるというタイプのセミナーがあります。登壇者による対談や鼎談、座談会が位置づけられているタイプのセミナーです。言っておきますが、パネル・ディスカッションやシンポジウムとは違います。パネルやシンポはパネリストやシンポジストが主張を用意して臨みます。多くの場合、それぞれの主張が生産的に絡み合うことはありません。そうしたパネルやシンポは本当に稀です。パネル・ディスカッションやシンポジウムは「予定調和」と「時間」に支配されている議論形態である、と言っても過言ではないほどです（僕はパネルやシンポを否定しているのではありません）。

セミナーの対談や鼎談、座談会というものは登壇者は準備せずに臨みます。直前に提案された内容を受けて、それを題材として話し合われるのが一般です。だからこそ、登壇者はどんどん揺れ動きます。その「揺れ」や「動き」の質には提案性があります。

5 提案を伝えるのでなく聞き手に某かを起こす

言に載せた途端意は死ぬ——古くから自分の考えていることをすべて相手に伝えられるはずはなく、それを期待しても無駄だというときに使われる言葉です。

どんな場でも自分が提案した内容が伝わらなくてがっかりすることがあるものです。職員会議をはじめとする会議の場で提案するのならば、自分の意図がちゃんと皆に伝わる必要がありますが、実はセミナーをはじめとする実践研究の場では、僕はそれを最初から諦めて臨んでいます。僕の提案の主想を理解できなかった参加者がいたとしても、どこか僕の提案の小さなディテールでも引っかかってくれて、それが触媒となってその参加者の中で某かが起こってくれたらそれでいい……そんな風に考えています。

この本だって一つの提案ですが、この本の内容を読者がすべて実践するなどというのは無理な話です。仕事の仕方を変えるだけでなく、生活の在り方そのものを変えなくては対応できないような内容で埋め尽くされていますから。しかし、この本のディテールについて、何かが触媒になって読者の仕事の在り方がより機能するようになる、ということはあるはずです。提案というものは、自分はこうしていますが、どこか役立つところありますか？ というような気楽なスタンスで臨むのが良いのだと僕は感じています。

6 できるだけアナログに近づける

人前で提案するということは、自分の考えていることを「伝達すること」ではありません。よく一対多のコミュニケーションにおいて「対話を成立させる」ということが言われますが、「対話」とは「伝達」とは似て非なるものです。「話す」「しゃべる」というよりは「語る」のだと言ったらわかりやすいでしょうか。

「提案術3」で背伸びをした提案は内容をよく理解していない状態でなされ、提案の名に値しないと述べました。自分がよく理解していない内容というのは、どうしても言葉に「実感」がこもりませんから「語る」ことができないのです。ただその「情報」を「伝達」するということになるわけですね。当然、聞き手にも説得力をもちません。

最近の提案はプレゼンソフトを用いて提案されます。かく言う僕も使います。しかし、多くのプレゼンは提案者が語るべき内容がすべて箇条書き的に書かれてしまっています。どういう順番で何を話すのかが、配付資料を見れば一目瞭然というタイプのプレゼンです。でも、僕は図表やグラフこそプレゼンで提示しますが、それ以外は自分の言葉で語ります。あくまでプレゼンを視覚的な補足資料、補助資料と位置づけているわけです。講座はできるだけアナログに近づけた方が「対話」が成立しやすい。そう考えています。

7 その場で思いついたことこそが臨場感を生む

雑談をしていて、相手がいま思いついたこと、いま想い出したことを「そういえば…」と語り出したときに、その話がとても面白かったという経験をだれもがもっているはずです。反対に、研究会などで完全に準備され暗記された主催者の挨拶などがとても退屈で、「いいから早く終われ」と感じた経験もだれもがもっていることでしょう。

実はその場で思いついたこと、その場で想い出したこと、その場で発見したことなど、「その場内容」とも言うべきものが語られているときほど、話というものは臨場感が生まれ、聞き手を惹き付けるものなのです。セミナーでも、講座後のQ＆Aのコーナーの方が講師の言うことがわかりやすいということがよくあるものです。質問はその場で出ているわけですから、そこでは講師は準備されていない話をしています。「そういうことならこういうことですよ」という話をその場で組み立てながら話しているわけですね。しかもその質問者にできるだけわかりやすくと、かみ砕いて説明します。より実感的な「語り」が成立しているわけです。

実は「準備された内容」を「準備された通り」に伝達されるよりも、「その場内容」を相手のためにかみ砕きながら語った方がはるかに「臨場感」が生まれるのです。

8 六割主義で準備する

プレゼンのスライドが百数十枚などという講座提案を目にすることがあります。最初は割とゆったりと進めているものの、時間が少なくなってくるとともに早口になり、「ここは割愛します」になり、最後には聞き手が何も理解できないような口調になっていく。そんな提案をよく見ます。後半が準備したスライドを終えることが目的となってしまい、聞き手が置いてけぼりになってしまった例です。

準備は六割主義で行う――これが僕が普段から心がけていることです。例えば30分の講座を担当するとしたら、プレゼンソフトの準備は15~20分程度の分しか準備せず、あとはその場の語りのために意図的にとっておくのです。枕の工夫やその場で出た意見を受けてそれに対応した体験を語ること、或いは参加者のワークが延びたりしても対応できるように、時間にわざと余裕をもたせておくということです。

もし仮に時間が余ってしまうようなことがあったとしても、隣同士で感想を語り合ったり、ちょっとした質問コーナーを設けたりすれば良いことです。時間が足りなくなって、準備したものを終わらせることに終始するよりもずっと聞き手の理解は深まります。準備はしすぎてしまうと、かえって提案の在り方を硬直化してしまうのです。

9 最後まで終える必要はまったくない

最近の提案はワークショップ型にしたり一部に模擬授業を入れたりと、「参加型」で「動的」なものが多く、講演型や講話型はほとんど目にしなくなってきました。それは、その分だけ参加者の質に影響される提案内容になったということです。準備において「このくらいは知っているだろう」と思って準備したのに、若い参加者が多く、意外と歴史的経緯の説明に時間を費やしてしまったとか、ワークショップに慣れていない参加者が多くてアイスブレイクに時間がかかってしまったとか、そうした予想外に時間がかかってしまうことはよくあることです。そうしたときには、六割主義で準備しても最後まで終わらないということもあるかもしれません。

しかし、そんなときには、半分程度の時間が過ぎたところで「最後まで終えなくてもいい」と腹をくくることです。準備した内容をすべて終えることと、内容的には減ってしまい一部であったとしても参加者に深く理解してもらうこととでは、どちらが優先順位が高いでしょうか。優先順位が高いというよりも、どちらが提案として機能的でしょうか。答えは言うまでもないはずです。最後は提案できたところまでで言えることで、続きはまたの機会に……の方が提案としては機能するのです。

10 提案とは問いを投げかけることである

提案とは、自分の考えていること、自分の準備してきたことを「伝達」することが第一義なのではありません。また、参加者が自分の提案によって某かのことが自分のようにできることになることを第一義とするのでもありません。聞き手が今後、自分の提案を触媒として自分なりに某かの実践を模索していくようになる、そうした状態になることが最も理想的な姿なのです。

考えてもみて下さい。その場で深く理解し尽くすことができる、その場でしっかりとできるようになる、教育実践の提案においてそんなことがあり得るでしょうか。すべては子どもたち相手の授業と同じ、参加者が自分の頭で考え自分の手で試行錯誤したくなるような意欲を喚起する、それができたら充分なのではないでしょうか。自分のもっている情報の伝達や自分の得意としている技術を伝授するということだけを目的として人前で提案する人は、本人は無意識かもしれませんが、その人は自分のために提案しているのであって参加者のために提案しているのではない、僕はそう思うのです。

参加者の意欲を喚起するということは、参加者に自分なりの「問い」を抱かせる、課題を発見してもらうということです。そのことを第一義とするべきなのです。

休養術――静的なこと、ネガティヴなことがバランスをつくる

仕事のために仕事があるのではありません。仕事のために人生があるわけでもありません。しかし、やり甲斐のある仕事は人生を豊かにします。

やり甲斐をもって仕事をするためには、仕事以外の生活、つまりプライベートが充実していることが大切です。しかし、プライベートの充実とは、決して家族と常に楽しい時間を過ごすとか、友達が多くて予定びっしり、いつも楽しく過ごすことができているといった状態ばかりを指すのではありません。自分のために使える時間がある、しかも趣味に没頭したり活動的に何かに励んだりすることだけでなく、ゆっくり

と休み、気ままに自分を振り返ってみるという機会を得てこそ、プライベートは充実するのです。いわば「人とかかわること」と「人とかかわらないこと」とのバランスが重要なのです。

動的なリフレッシュと静的なリフレッシュ、ポジティヴなリフレッシュとネガティヴなリフレッシュと言い換えても良いかもしれません。動的であること、ポジティヴであることが無条件に良いことだという風潮が色濃い昨今ですが、「静的であること」「ネガティヴであること」だって、人生には絶対的に必要なのです。バランスの良いプライベートは、バランスの良い人生に繋がる、僕はそう考えています。

休養術

1. 良い仕事の裏には良いリフレッシュがある
2. 睡眠時間は絶対に削らない
3. 欠勤する基準を決める
4. 家族のトラブルには遠慮なく欠勤する
5. 仕事のない放課後は時間休を取る
6. だれにも邪魔されない一人の時間を確保する
7. 予定のない日、約束のない日を意図的につくる
8. 偶然を楽しむ
9. かつての自分を強く惹き付けたものに触れる
10. 定期的に躰をメンテナンスする

1

良い仕事の裏には良いリフレッシュがある

良い仕事の裏には必ず良いリフレッシュがあります。僕の場合、本を読んだり映画やドラマを見たり友人と酒を呑んだりと、あまり活動的とは言えないリフレッシュの仕方が多いのですが、どんなリフレッシュの仕方を選ぶかは個々によって違います。リフレッシュの仕方そのものに良いものと悪いものがあるというわけではありません。躰を壊さない程度の酒席や、自分の小遣いの範囲内でやれるパチンコや競馬だって決して否定されるべきでも非難されるべきでもありません。自分がリラックスでき、明日からの仕事の充実に生きる趣味であれば、他人に迷惑をかけない限り肯定されるべきです。

ただし、「〇〇のために仕事をする」という考え方だけは取るべきではありません。例えば、「夏休みと冬休みに海外旅行に行くために普段は仕事をし、普段の生活も節約するのだ」というタイプの目的を設定すべきではありません。それでは「人生の楽しみ＝海外旅行」であり、「仕事＝労働＝苦役」となってしまいます。仕事にやり甲斐をもつことは「人生の楽しみ」の一つ、「生き甲斐」の一つです。仕事を生き甲斐の一つと考えない人生は決して充実したものにはなりません。仕事を趣味や家庭生活、健康といった人生に欠かせない「生き甲斐」の一つと考えられるような生活サイクルをつくりましょう。

2 睡眠時間は絶対に削らない

皆さんの平均睡眠時間は何時間でしょうか。睡眠時間というのは割と個々に差があり、必ず何時間寝た方が良いと一概には言えないものです。しかし、最も体調良く過ごせるのは睡眠時間を〇時間確保できているときだという、自分にとって必要な睡眠時間というのはしっかりと把握しておかなければなりません。

僕の場合は、適切な睡眠時間は七時間程度であるようです。そして僕は睡眠時間を七時間を切らないようにするということを自分に課しています。実は昨夜（執筆時の前日）も研究サークルの定例会があり、九時から二時までサークル仲間と呑んでいたのですが、二時過ぎに帰宅してもちゃんと十時までは寝ていました（今日は日曜日です）。

僕は酒好きですが、次の日が休日という日にしか酒は口にしないことにしています。もともと晩酌の習慣がなく、平日も退勤後に原稿を書く必要に迫られているからできることなのでしょうが、こうした決め事はどうしても必要です。そのかわり、次の日が休日で、今日は呑むと決めた日は明日のことなど気にせずに呑むことにしているわけです。

こうした決め事は、七時間以上という睡眠時間を確保するためにあることです。睡眠時間を削るような仕事の仕方は若いうちだけのものです。決して長続きはしません。

3 欠勤する基準を決める

皆さんは「欠勤する基準」をもっていますか？

例えば発熱。熱を測って何度だったら欠勤するでしょうか。何度でも無理をして出勤する。インフルエンザにかからない限り出勤するなんて人もいるかもしれません。でも、それをして結局、何日も休むことになってしまったということはなかったでしょうか。

僕は基本的に、朝、熱が三十七度台の後半になっていたら欠勤することにしています。そうすればたいていは一日の欠勤で済みます。もちろん平熱は人それぞれですから一概に何度がいいと決めることはできません。僕の場合は平熱が六度台の前半なので、七度台の後半を欠勤基準としているのです。

仕事は大切です。休むと周りに迷惑もかけます。しかし、健康を害してまで仕事をするというのは間違っています。先にも述べた通り確かに仕事は「生き甲斐の一つ」です。しかし、決して「生き甲斐のすべて」ではありません。それはあくまで心構え、精神的な側面であって、仕事は間違いなく「生活の糧」、つまり「食うために仕事をする」という側面があるのです。「食う」ということは「生きること」であり、それは「健康に過ごす」ということでもあります。仕事によって健康を害することがあってはなりません。

4 家族のトラブルには遠慮なく欠勤する

日本人は長く、個人的な用事で仕事に穴を開けることを潔しとしないことを文化としてきました。かつてのドラマや映画では、仕事で親の死に目に会えなかったなどということが美学として描かれているものがたくさんあります。現在はずいぶんと風潮が変わったと思われていますが、実は家族のトラブル程度ではなかなか休まないという人がたくさんいます。メンタリティとしてはそれほど変わっていないのだと僕は感じています。

子どもが熱を出した。それほど大きなものでないにしても家族が手術する。要介護の母親が体調を崩し、病院に連れて行った方が良さそうだ。こんなとき、僕は堂々と欠勤すべきだと思っていますし、事実そうしています。僕には子どもがいませんが、要介護の母親がいて施設に入っています。もう年齢も年齢ですから、体調を崩すことも少なくありません。そんなとき、僕は迷わず欠勤して病院に連れて行きます。幼い頃から慈しんでくれた母です。人生において大切な大切な、なにものとも比べるべくもない、自分の存在そのものと同じくらい自分の人生を構成しているファクターです。仕事よりもはるかに大切です。こういうことで周りに迷惑をかけることがあると、周りにも優しくなれます。

子どもが小さい、親の介護、そういうのは順番なのです。お互い様なのです。

5 仕事のない放課後は時間休を取る

放課後。会議もない。特にするべき仕事もない。勤務時間はあと二時間弱。そんなことがごくたまにあるものです。なんとなく同僚と雑談したり、明日の授業のことをぼんやり考えたりしながら勤務時間が終了するのを待つ。こんな時間が僕は「無駄な時間」の最たるものだと感じています。もちろん、同僚との雑談がとても楽しく有意義であったり、教科書を眺めているうちに新しいアイディアが生まれて夢中になったりというのであれば良いのですが、ただ時間つぶしに……というのであれば、すぐに時間有給を取って退勤してしまうべきだと僕は思います。ほとんどの教員には有給休暇が足りないなどということはなく、余っているはずなのですから、だれに遠慮することもなく消化すれば良いのです。

そうした降って湧いたような時間が生まれたら、僕はその時間に仕事をするということはしません。僕にはいわゆる「外の仕事」(原稿執筆とか講座準備とかですね)がいっぱいあるのですが、そういうときだけは「本来はなかったはずなのに偶然に生まれた時間」「神様が与えてくれた余暇」と考え、ぶらりと書店やCDショップに行って何か興味が湧くものがないかと物色したり、カフェに行っておいしい珈琲を飲みながら本を読むとか、さっさと帰宅して音楽を聴くとか、そんな風に時間を使うことにしています。

6 だれにも邪魔されない一人の時間を確保する

あなたには一人でいる時間というのがありますか？　通勤の車や電車の中とか、共働きの妻が呑み会で一人で過ごす夜とか、そうした強制的に一人になるとか偶発的に一人になるとかいった「一人の時間」ではなく、「だれにも邪魔されない一人の時間」というものを意識的につくっていますか？　という意味です。

人は一人では生きていけません。家族が必要ですし、友人が必要です。独身であれば恋人や学生時代の仲間と過ごす時間も大切です。しかし、それと同じくらいに、「一人で過ごす時間」というものを定期的にもつことが実は人生を豊かにもするのです。だれにも気を遣わず、わがままに過ごせる時間。他人から見れば無駄なのに自分にとっては有意義な時間。すべてから解放される時間。そういう時間があってこそ、大切な人と過ごす時間も本当に大切にすることができるのだと僕は思います。

しかし、家族をもっていれば休日をそうした時間にあてることは顰蹙を買うでしょう。「時間術」で残業しないこと、勤務時間終了とともに退勤することを提案しましたが、もしもそれができれば、平日の夕方、そうした時間をもつことができます。たった数時間、ぼんやりと自分の在り方を考えてみる。そんな時間が人生には必要なのです。

7 予定のない日、約束のない日を意図的につくる

二ヶ月に一度くらいでしょうか。僕は一切の予定のない日、一切の約束のない日というのをつくることにしています。

現代人は日常が「約束」でできていると言っても過言ではありません。公務の〆切、公務外の〆切、セミナーの申し込み、家族サービスの予定、友人とのランチの予定、懐かしい友人との呑み会の予定……すべて「約束」です。「約束」はどんなに楽しい予定だったとしても、裏に時間的・身体的な「束縛」の側面があります。そうした束縛の一切ない、予定のない日を定期的につくるのです。こういうのは意図的につくらないとなかなかできません。決して向こうからはやって来ないし、待っていてもそんな日は現れません。約束をドタキャンされればそういう日になりますが、それは腹が立ったり寂しくなったりとネガティヴな気持ちがどうしても伴うものです。僕が言ってるのは、そうではない、主体的に、意図的につくった「予定のない日」のことなのです。

家族の許しが出るのなら、それは土曜日が最適です。次の日を考えずに夜まで自由になれるからです。一日気の向くまま、思いつきのままに行動してみる。そんな日は実は学生時代以来ではないでしょうか。その効果は計り知れません。

8 偶然を楽しむ

もしも「予定のない日」を意図的につくることができたなら、あなたは何をするでしょうか。普段からやりたいと思っていたことに取り組む……そういう発想をするとしたら、それはやはり発想が「予定」や「約束」に掠め取られているのです。そういう日はただひたすら「偶然を楽しむ一日」にすることをお勧めします。

僕の言う「偶然を楽しむ」とは、偶然を意図的につくってみるということです。街に出かけ、ふと目についた行ったこともないような、自分が行きそうもないような店に入ってみる。レンタルビデオショップに行って、ふと目についた見たことも聞いたことも興味を抱いたこともないような映画をわざと借りてみる。三十個目の交差点を右折して、ただひたすら行けるところまで直進すると決めて車を走らせてみる。こんな馬鹿げてはいるけれど、何か自分というものを広げてくれそうな、そんなアイディアを実行してみるのです。きっと世界観を広げてくれるようなものに出会うことができ、それがリフレッシュの機能も果たしてくれることでしょう。

僕らは毎日、「必然」を生きています。しかし子どもの頃にあんなに楽しかったのは、実は毎日の中に、「偶然」がたくさんあったからなのです。

9 かつての自分を強く惹き付けたものに触れる

子どもの頃に大好きだった絵本。中学時代に感動した小説。高校生のときに読書感想文の題材とした本。かつて号泣した映画。かつて毎日聴き続けた音楽。そういうものに改めて触れてみる。これも自分の在り方を、自分の人生を深く振り返ることのできる効果的なリフレッシュになります。

自分に影響を与えた、いわば考え込んでしまうようなものではなく、単純に大好きだった、単純に楽しかった、単純に感動した、そういうものに改めて触れてみるのです。あんなに大好きだったのにいまは「なんでこんなものが好きだったんだろう……」と感じるかもしれません。「ああ、やっぱりこれは十数年経っても変わらない感動があった！」と思うかもしれません。「あのときは気づかなかったけれど、こんな側面があったのか……」と新たな発見があるかもしれません。いずれにしても、自らの成長を実感すると同時に、心ならずもいままでは失ってしまったものに気づけるはずです。

もしかしたら、そんな成長の実感や喪失への気づきが、月曜日からの仕事を違ったものに見せてくれるかもしれません。休養とは、リフレッシュとは、実は新たな眼差しで日常を見つめることができるようになる、そういうことなのではないでしょうか。

10 定期的に躰をメンテナンスする

定期的にマッサージに通う。定期的に鍼灸院に通う。定期的にストレッチに通う。多少のお金はかかりますが、床屋や美容室に行くように躰のメンテナンス日を生活に組み込むことが大切です。年齢を重ねれば重ねるほど、これが大切になります。もちろん脅迫観念的に第四木曜日はメンテナンス日……みたいに決めるのは好ましくありませんが、定期的に通うマッサージ店を決め、指名する施術の人も決め、行ったら必ず予定を見て次の予約をしてくるというサイクルにしてしまえば、疲れによる体調不良はかなり避けることができるようになります。無理が続いて疲れが溜まったときなどは、急な依頼でも多少の無理は聞いてもらえるようにもなります。

定期的に通っていれば、施術の方とも次第に仲良くなり、躰の調子について向こうから気づいたことを話してくれるようになり、自分で自分の体調について把握することもできるようになります。自分の行く床屋や美容室が決まっているように、一人で行く呑み屋が決まっているように、病院やマッサージなど、躰のメンテナンスにかかわる場も「常連になる」ことが大切なのだと僕は思っています。

さあ、近くの、評判の良いマッサージ店を探してみませんか？

交友術——人間関係を広げ深める意識をもつ

人は本にのみ学ぶのではない。当然のことです。同僚からはもちろん、子どもからも保護者からも僕らは無意識のうちに学んでいます。自らセミナーや講演会など研修の場に足を運ぶこともあるでしょう。

しかし、これらの学びは学校教育の内部の人たちばかりだということに気づいているでしょうか。いやいや、SNSで知り合った人がいっぱいいる。あなたはそう思われるかもしれません。しかし、SNSで知り合い仲良くなった人たちでさえ、その多くは同業者や広い意味での教育関係者なのではないでしょうか。そういうことが多くはありませんか?

例えばあなたにはお医者さんをしている友達がいるでしょうか。弁護士はどうでしょう。また、鳶職とか解体工とかはどうですか？　水商売の世界にいる方は？　教師は広く世界を知っていた方が絶対に良い、そういう職業です。子どもたちは将来さまざまな職業に就きますし、保護者の職業もいろいろです。むしろ教員世界に閉じられた世界のみで生きていることは、僕らの職業にとって実はマイナスなのではないでしょうか。多くの教師が自分はいっぱしのもんと思い込み、そういう意識をもっていないだけなのです。

人間関係を広げ、深める。教師は常にそうした意識をもちたいものです。

交友術

1　同僚は決して責めない
2　管理職の配慮のなさには敢然とモノを言う
3　年長者はフォローまで仕事と考える
4　男性は能力を褒め，女性は成長を褒める
5　酒席は二人で呑むことこそが機能する
6　一生かかわるつもりで付き合う
7　公務外の人間関係は選択する
8　研究仲間を意図的に育てる
9　同業者以外の友人をもつ
10　人間関係を意識的に広げる

1 同僚は決して責めない

僕は同僚の失敗は責めないと決めています。同じ学年の先生がミスして、自分が大きく仕事をかぶることになったとしても、それはお互い様です。今度は自分のミスがその先生に大きく迷惑をかけることもあるかもしれません。わざとサボるとか確信犯的にミスするなんていうことは普通はありません。責めたところで人間関係が窮屈になるだけ。多少のミスなど、数ヶ月も経てば笑い話なのです。長い目で見たら、失敗を責めることはプラスに働きません。

これは若い先生にはなかなか難しいことです。仕事のできる人ほど他人のできなさに寛容になれない傾向もあります。自分を責めてくる人に対しては反論もしたくなります。でも、僕の経験上、そうした対立は必ず仕事にマイナス影響をもたらします。「この仕事、あの人に頼むのが一番スムーズに行くのに頼みづらい」「仕事の仕方がわからなくて困ったとき、これはあの人が得意なのになあ……と思いながらも訊けない」「不得意なことを自分でやろうとして失敗してしまった」などなど、頼み頼まれる関係を築けなくなるからです。むしろミスが起きたとしたら、そうした人的ミスが起こらないようなシステムを構築することにこそ力を注ぐべきなのです。

2 管理職の配慮のなさには敢然とモノを言う

同僚を責めないというのは若い人や同年配ばかりでなく、管理職でも同じです。管理職も人間ですから、小さなミスをすることはありますし、時には判断ミスをすることもあるでしょう。それをいちいち「管理職なのに……」と責めていては、だれも管理職などできなくなってしまいます。

ただし、管理職が職員に対する配慮に欠けた発言をしたり、配慮に欠けた指示をした場合には、敢然とモノを言うべきだと僕は考えています。自分に対するハラスメントがあった場合にもそれが言えるわけですけれど、最近の管理職は世論の風潮もあって明らかなハラスメントなどはほとんどありません。むしろよくあるのは、学級がたいへんな状態の職員に新たな仕事を依頼したり、健康状態や精神状態の良くない職員に更なる負担をかけるというような配慮不足です。要するに、職員の現状が見えていないわけですね。

こうした場合には、学年主任や年長者などがその仕事の振り方は現在の状況では適切でないということをしっかりと伝えるべきでしょう。管理職というものは学校の管理のみならず、職員に対しても責任をもつ立場にあります。僕らが学級の生徒たち一人ひとりの現状を把握するのと同様、先生方一人ひとりのを把握し配慮することも仕事なのです。

3 年長者はフォローまで仕事と考える

三十代半ばを迎えた頃から、仕事に他人のフォローが入ってきます。「なんで自分が……」と思うところはあるかもしれませんが、だれかがフォローしなければ学校運営が成り立たないのも事実です。特に最近は若い教師が多くなり、職員室に初任者や経験の浅い教師がたくさんいるという現実があります。若手のフォローをめんどうだと感じる向きもあるかもしれませんが、自分だって若い頃には周りの先生にフォローしてもらったのです。だからこそ現在があるのです。こういうのは順番なのです。未来の子どもたちを育てる「未来の教師」を育てると思って、フォローに時間と労力を費やすのが「大人の仕事」なのではないでしょうか。若手が力をつけることは、来年、再来年の自分が楽になっていくことをも意味しています。

また、最近はメンタル的にトラブルを抱え、負担をかけすぎてはいけないという教師も増えてきています。彼ら彼女らも何も楽をしたくてそういう状態になっているわけではありません。働きたくても働けないのです。自分だっていつそうした状態になるかわかりません。こうした人たちのフォローも快く引き受けるのが「大人の仕事の在り方」です。

他人のフォローまで仕事と考える。「お互い様」の心で接することが大切です。

4 男性は能力を褒め、女性は成長を褒める

一般に男性はその能力を褒められると、女性は自分の成長を褒められると嬉しいと言われます。もちろん、成長を褒められた方が喜ぶ男性や能力を認められた方が喜ぶ女性もいるのでしょうが、僕の経験からも、原則としてはそうだなあ……と思います。

しかし、ただ「能力を褒めよう」とか「成長を認めよう」とかいう構えをもっても、なかなかそんなことはできません。褒めるためにはその能力を見極める目をもたなくてはなりませんし、どこがどんなふうに成長しているのかを把握する目をもたなくてはなりません。どちらもただ漫然と見ていたのでは見極めることなどできないのです。

しかも同僚教師というのは学級の子どもたちと違い、日常的な観察の対象ではありません。同僚教師の能力や成長を見るためには、何より「一緒に仕事をする」ことが必要なのです。自分よりも豊かな発想で行事のアイディアを出している。生徒に対する認識の深さが感じられる。以前に戸惑っていたのにいまはさりげなくこなしている。そうしたことは何度も一緒に仕事をしたからこそ理解できることです。一緒に組んだら楽、発想が似てるから良いものが作れる、そんな似たもの同士ばかりで仕事をするのではなく、毎年いろんな人と一緒に仕事をする、そうした構えをもちたいものです。

5 酒席は二人で呑むことこそが機能する

僕は「二人で呑む」という機会をできるだけ多くの同僚ともとうと心がけています。どちらかと言うと大人数の宴会は好みません。二、三人の呑み会の方が、間違いなく会話が深まります。単なる楽しむための会話ではなく、見方や考え方の交流になるからです。

機会があれば二人で酒食をともにし、その人の「人となり」を知るということは間違いなく仕事に大きく活きるものです。数ヶ月も机を並べて仕事をしてきた同僚が意外な趣味をもっていたとか、取っつきにくい人かなという印象の同僚がずいぶんと楽しげに話をする姿を見るとか、順風満帆と思われる人が意外な悩みをもっていたとか、いつもにこにこしている人が意外に学校運営に大きな不満を抱いていたとか、そんなことがよくあるものです。賛否はあるでしょうが、僕の経験上、二人で呑むことで関係が悪くなるということはまずあり得ません。

僕は歓迎会や送別会、忘年会などの後、帰ろうとしている同僚をさりげなく誘って二人で話すということがよくあります。大きな宴会を一次会で脱ける人というのは、特別用事があるわけでもないけれど、大人数でそれほど仲が良いわけでもない人と隣り合ってもなあ……という感じで帰路に就く人がけっこういるものなのです。

6 一生かかわるつもりで付き合う

あるテレビドラマを見ていて、「刑事ってのは関わった人間を自分の人生に一生連れて行くんだ。犯人も、その家族も」というセリフを聞いて、いたく感動したことがありました。横山秀夫原作のドラマで、このセリフを言っていたのは織本順吉だったという記憶があります。

これも賛否があるでしょうけれど、僕は一緒に学年を組んだ先生方とは「一生付き合う」くらいのつもりで接するのが良いと感じています。一生付き合うつもりになれば、若手教師には「育てよう」という意欲が湧いて来ますし、メンタル的に弱い教師には「いまはフォローに徹しよう。そしてまた一緒にばりばり仕事をしよう」という気にもなっていきます。もちろん、ほんとに一生付き合おうというわけではありません。同僚の将来にまで思いを馳せれば、「いまやるべきこと」が見えてきますよ、というたとえです。

ただ、僕は割と一度かかわった若者とは関係が切れないことが多いようです。僕が初めて学年主任を務めたのは二〇〇五年のことですが、それ以降に知り合った若者たちとは、年に一度程度は酒席をともにするとか、一緒に実践研究サークルで活動しているとか、現在もなんらかの付き合いが続いているという人が圧倒的多数です。

7 公務外の人間関係は選択する

同僚にはかかわる責任をもっています。若手なら育てる責任を伴いますし、中堅・ベテランなら協働しながらより良い学校運営をしていく責任があります。しかし、公務外の人間関係づくりということになると趣が違います。

昨今、「つながりファシズム」とでも言うべき、どんな人ともつながることが良いことだという風潮がSNSを中心にあるようです。でも前項でも述べた通り、深く、有益な関係を結ぼうという基本スタンスをもつと、決して「だれでも……」というわけにはいきません。特に僕は自分の領域に土足で踏み込まれるのが大嫌いです。SNSでは、会ったこともないのに、或いはそれほど関係が深いわけでもないのに、馴れ馴れしい言葉遣いで語りかけてくる人や常識を越えた依頼（突然「お会いしたいので時間をつくって欲しい」「自分の発表原稿にコメントして欲しい」と言われるなど）をしてくる人など、僕にとっては信じられないような人間関係のつくり方をしようとする人が増えています。もちろんSNS上の付き合いから実際に人間関係を築いてきたという方が僕にもたくさんいますけれど、それはその人が尊敬に値すべきコンテンツをもっている場合です。公務外の人間関係づくりは責任を伴いませんから、よく考えて選択すべきだと強く感じる今日この頃です。

8 研究仲間を意図的に育てる

僕は平均して月一回程度、地元で実践研究セミナーを企画しています。外部講師を招くのはそのうちの半分くらいで、もう半分は地元の研究仲間でプログラムを構成します。外部講師を招くセミナーにも必ず地元の研究仲間の登壇機会をつくり、外部講師に講評してもらうことを常としています。

僕の地元研究仲間は五十人は下りませんので、バランスを考えながら、皆にまんべんなく機会が与えられるようにと企画しています。一度登壇した若手にはその後数ヶ月間にわたってその登壇を振り返り内省してもらい、数ヶ月後から半年経った頃に同じようなテーマで登壇してもらうことにしています。自分の経験上、こうしたサイクルが最も力量形成に機能的であると考えているからです。

人が成長するには場数が必要です。しかし、場数だけを踏んでも人は成長しません。自らを内省し、課題を抽象し、一つ一つ克服していく。そうした良いサイクルの中に自分を位置づけてこそ力量は高まるのです。

若い研究仲間を意図的に育てていく。長く協同研究に取り組んできた研究仲間とは、意図的に切磋琢磨の場を設ける。こうしたサイクルを意図的に仕組むのです。

9 同業者以外の友人をもつ

皆さんには同業者以外の友人、つまり教師ではない友人がどのくらいいるでしょうか。中学・高校時代の友達が何人かいる程度で、ほとんどは大学以降に知り合った同業者、そんなことになっていないでしょうか。教員は地元の教育学部や教員養成系カレッジの出身者が多いですから、どうしてもそうした傾向があります。

しかし、子どもたちの多くは教員になりません。ほとんどの保護者が教員ではありません。とすれば、教員世界に閉じられた人間関係の中だけで過ごすことは、実は教師生活にとってマイナスなのではないでしょうか。

僕には教員以外の友人がたくさんいます。よく酒席もともにします。新しい酒屋に行くとすぐに店主と仲良くなり、頻繁に通うようにもなります。酒屋で知り合った友人も少なくありませんし、かつての教え子と呑むということもよくあります（やはり、二人でじっくりと呑むことが多いです）。彼ら彼女らと話していると、自分の世界の狭さと浅さ、教員世界の偏り、ヘンなプライドによる欺瞞などに気づかされることになります。こうした経験も意図的に積む必要があると僕は思っています。本や研究会での学びも大切ですが、同業者以外の方から直接学ぶということもとても大切なのです。

10 人間関係を意識的に広げる

異業種の方と知り合うというのは、一般にはそれほど簡単ではありません。異業種交流会などのイベントもありますが、そこにはさまざまな思惑のある人が集っているので、ただ知り合って交流してみたいという目的には少々そぐわない面があります。

僕の場合、酒場で知り合うことが圧倒的に多いです。しかも、カウンターのみの店で知り合うというのがほとんどです。カウンターのみの店というのは、自然に客同士が語り合う構造をもっていて、店主もそういう雰囲気をつくっているようなところがあります。最初は店主と話しているうちになんとなく近くのお客さんとも話すようになっている。そんな雰囲気です。カウンターのみの店というのは、居酒屋、寿司屋、バーなど多種多様にあるものです。老若男女、職業や社会階層もばらばらです。女性の場合はナンパ目的の客もいるでしょうから気をつけなければならないのかもしれませんが、少なくとも僕には人間関係を広げたり、新しい知見に触れるには最適の場所です。

約束のない金曜日、同業者の妻が呑み会で時間のある金曜の夜、一人でブラリとカウンターしかない酒場に出かけてみてはいかがでしょうか。二、三件もはしごすれば、お宝みたいな話にたくさん触れることができるはずです。

あとがき

こんばんは。最後までお読みいただきありがとうございました。

明治図書編集部の若き編集者赤木恭平くんから突如書籍の執筆依頼書が送られてきたのは、新年度が視野に入り始めた二〇一七年三月のことでした。明治図書で僕の本を担当してくれるのはベテラン編集者の及川さん……という思い込みがありましたので当初はびっくりしました。聞くと二十六歳で編集部四年目だとのこと。まさに気鋭、これからの編集者です。それに比べて僕はと言えば、陰ではそろそろ定年までのカウントダウンを始めて定年後に何をしようかとほくそ笑んでいる老兵……。なんで若者が僕なんぞに興味をもつのかと不思議にさえ思いました。

〆切を十月と区切られた僕でしたが、根っからサボり癖のある僕はまったく書かず。〆切が過ぎても連絡がなかったので、「ああ、これは流れたな……」と思っていたところ、年末に請求のメール。ああ、やっぱり書かなきゃいけないんだな、と思って諦めて書くことにしました。テーマは仕事術。ちょうど数年前に途中まで書きかけていた原稿（本書で言うと第一章の六割くらいでしょうか）があったので、それを仕上げて形にすることにしました。年明けから奮闘。書き始めてみるとスルスルと書き上がりました。一月十五日に書き始めて二十九日には脱稿しましたから、かなり早いペースで仕上げました。それも、普通に勤務しながら、また週末はセミナーや呑み会で予定がビッシリの時期でしたから、ほぼ平日の夜で書き上げたという感じです。自分の経験則をまとめる本でしたから、割と迷わず、戸惑うことなく書き上げられたのだと思います。

しかし書き上げてみると、自分で読んでいても僕という教師の偏った価値観、偏った仕事の仕方が露わになっていて、上梓するのを少々臆してしまう本になってしまいました。それでも、読者の方にどこか一部でも参考になることがあるなら上梓する価値もあるだろう、そもそも仕事術というテーマで書くとすれば僕には他に書きようもないだろうということで、本書をこの形で提案させていただくことにしました。読者の皆様には、本書に対する忌憚ないご意見、ご批判等いただければ幸いです。

僕は執筆時の二〇一八年一月現在、教員生活二十七年目を終えようとしているところです。できれば教育改革の波に飲み込まれそうになっている若い教師たちに、数十年先輩のある教師の証言として受け止めてもらえたら……そう感じています。

人生いろいろ／島倉千代子を聴きながら……

二〇一八年一月　自宅書斎にて　堀　裕嗣

【著者紹介】

堀　裕嗣（ほり　ひろつぐ）

1966年北海道湧別町生まれ。北海道教育大学札幌校・岩見沢校修士課程国語教育専修修了。1991年札幌市中学校教員として採用。1992年「研究集団ことのは」設立。

〔表紙写真〕西村智晴

〔本文イラスト〕木村美穂

「時短」と「成果」を両立させる

教師の仕事術10の原理・100の原則

2018年7月初版第1刷刊　©著　者　堀　裕嗣

2019年1月初版第5刷刊　発行者　藤原光政

発行所　明治図書出版株式会社

http://www.meijitosho.co.jp

（企画・校正）赤木恭平

〒114-0023　東京都北区滝野川7-46-1

振替00160-5-151318　電話03(5907)6702

ご注文窓口　電話03(5907)6668

＊検印省略　組版所　株式会社アイデスク

Printed in Japan　ISBN978-4-18-217614-2